刘春华 ◎ 著

# 一本书读懂换电经济

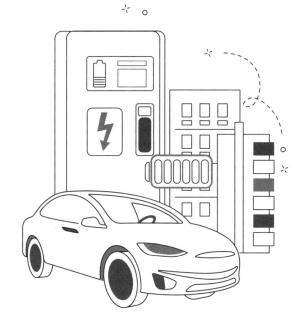

## 图书在版编目（CIP）数据

一本书读懂换电经济 / 刘春华著. —北京：机械工业出版社，2023.7
ISBN 978-7-111-73327-0

Ⅰ. ①一… Ⅱ. ①刘… Ⅲ. ①电能-经济发展-研究-中国 Ⅳ. ① F426.61

中国国家版本馆 CIP 数据核字（2023）第 102012 号

机械工业出版社（北京市百万庄大街 22 号　邮政编码 100037）
策划编辑：张　楠　　　　　责任编辑：张　楠
责任校对：韩佳欣　王　延　责任印制：单爱军
北京联兴盛业印刷股份有限公司印刷
2023 年 8 月第 1 版第 1 次印刷
147mm×210mm・9.5 印张・196 千字
标准书号：ISBN 978-7-111-73327-0
定价：69.00 元

电话服务　　　　　　　　　网络服务
客服电话：010-88361066　　机　工　官　网：www.cmpbook.com
　　　　　010-88379833　　机　工　官　博：weibo.com/cmp1952
　　　　　010-68326294　　金　书　网：www.golden-book.com
**封底无防伪标均为盗版**　　机工教育服务网：www.cmpedu.com

| FOREWORD
| 推荐序一

# 高效节能、高性价比、快速便捷的交通新业态

2020年9月22日,在第七十五届联合国大会上,习近平主席重申对联合国宪章宗旨和原则的坚定承诺,中国将提高国家自主贡献力度,采取更加有力的政策和措施,二氧化碳排放力争于2030年前达到峰值,努力争取2060年前实现碳中和㊀。碳排放达到峰值与碳中和的实现离不开新能源使用、能源存储、能源调度和智能化运营的新业态,换电站作为绝佳的存储端和终端,其重要性不言而喻。

2020年11月2日,国务院发布了《新能源汽车产业发展规划(2021—2035年)》,推进"新基建"战略的落地,加快

---

㊀ 摘自 http://www.gov.cn/gongbao/content/2020/content_5549875.htm。

充换电网络化、智能化建设,促进新能源汽车产业升级和生态链的协同发展,实现智慧交通与电动化交通的互联、互通、互信和互进势在必行。

换电的技术应用发展已经超过了 20 年,其最早由美国率先在电动出租车上使用。20 世纪末,以法国国家电力公司为代表,电动汽车换电模式的示范运行主要集中在公交车领域,而且电池组是手动更换的。后来到 2007 年,换电领域出现了 Better Place 公司,这家公司推出先进的为轿车进行全自动换电的模式,但 Better Place 是商业换电的悲情英雄,2013 年宣告停止运营。

中国换电技术的研究开发与应用起源于 2001 年"十五"期间提出的国家 863 计划电动汽车重大专项,其中设立了北京 2008 科技奥运新能源公交车换电示范性项目。由于要在奥运中心区首次实施公共交通零排放工程,并且要 24 小时不间断运行,必须实行电池组更换模式,因此,由北京理工大学牵头,组建了北京奥运团队,团队成员主要包括北京交通大学、北京公交集团、奥动电巴等单位。团队于 2003 年正式开始开发电池箱自动和人工手动快速更换技术。之后,经过北京奥运会、上海世博会、广州亚运会,换电模式得到快速推广,效果也越来越好。近年来,在工业和信息化部、科学技术部、财政部等国家部委的大力支持下,我国的换电模式开始了规模化的推广应用,以奥动新能源、蔚来汽车、宁德时代等为代表的企业铺设了数量众多的换电站，为老百姓便捷出行和"双碳"战略实施贡献智慧和力量。

刘春华博士目前主要从事电动两轮车换电业务的研究和实践，在换电电池标准化、BMS 有效管理和换电运营方面积累了丰富的经验，并对汽车换电进行了深入研究，这体现了我国新能源从业者扎根实践、勇于探索、善于总结并愿意主动分享的高尚品格，从他身上也看到了我国青年一代新能源人的可贵精神和蓬勃朝气。

换电模式既有益于动力电池本身延长寿命、提高安全性，同样也对消费者有好处，能使其购车成本进一步降低，还可以节能减排，提高经济效益，一举多得。未来，随着共享经济的发展和车电分离新技术的普及与应用，换电模式将成为高效节能、高性价比、快速便捷的交通新业态。

可以预期的是，本书的出版将为新能源、新能源车辆、动力电池等领域的广大科技工作者、高等院校学生提供有益的参考和借鉴，也将为推动我国能源与动力电池领域的科技发展、换电模式的推广应用做出贡献。

孙逢春

中国工程院院士、北京理工大学教授

2023 年 2 月

FOREWORD
推荐序二

## 践行"双碳"战略,服务国计民生

停车、扫码、开柜,将车上的低电量电池放入电池仓充电,然后取出满电电池放进车仓,不到 1 分钟,电动车即可"满血复活",重新上路。这便是时下在外卖和快递从业人员中最为流行的换电模式。

作为一种新兴的产业互联网业务,换电模式"以换代充",在消除了传统充电模式可能存在的安全隐患的同时,也通过"车电分离"为用户提供了即换即走的快速补能方案,畅通了城市"微循环",换电设施成为城市重要的基础设施,构建换电网络也是民生工程,在减碳、降碳方面发挥了重要作用。

"碳达峰、碳中和"是以习近平同志为核心的党中央高瞻远瞩做出的重大战略决策，是对构建人类命运共同体的庄严承诺，更是广泛而深刻的经济社会系统性变革。党的二十大报告明确指出："推动经济社会发展绿色化、低碳化是实现高质量发展的关键环节。"推进绿色低碳发展，建立健全绿色低碳循环经济体系，需要进一步深化对能源产业发展的规律性认识，汇聚各方力量，因势利导、顺势而为。

2022年年初，我总结提出了当今能源产业呈现出的"四化"趋势，即电力生产清洁化、交通出行电动化、能源交易市场化、资源利用循环化。在此背景下，清洁能源将成为电力供给的主力军，换电站、充电站将成为智慧城市不可或缺的新基建，碳排放市场化交易将成为企业的必选项，退役动力电池梯次利用将迎来巨大的机遇期。

中国铁塔作为党的十八大后成立的新国企，积极践行国家"双碳"战略，依托遍布全国的百万量级站址资源和能源设施，打造新型分布式电力网络和储能系统，不断提升专业化运维能力，向社会提供换电、充电、备电、储能等新能源业务，广泛服务国计民生。在轻型电动车换电领域，截至2022年年底，中国铁塔已在280多个城市部署换电网点5.7万个，每天为超过90万名外卖、快递从业人员提供超过200万次换电服务，累计行驶里程超过700亿公里，减少碳排放量达235万吨，已成为全国网络覆盖面最广与用户规模最大的轻型电动车换电运营商。

本书作者刘春华博士作为中国铁塔能源业务的重要创始成员，在共享经济、平台经济、"双碳"战略等领域有丰富的理论和实践经验沉淀。他将自己学习和工作中的所思、所想、所悟总结成书，逻辑清晰，行文流畅，充分体现了作者对换电产业的思考、实践、坚守和热爱，也让我看到了作者的专注、洞察力和自省。

换电业务是产品、平台、市场、运维、服务等的有效结合，发展欣欣向荣、日新月异。本书为读者提供了换电实践的生动样本，对轻型电动车换电有着很强的指导性，对汽车换电同样有很好的借鉴意义，也必将助力我国换电产业的研究与实践，助力我国"双碳"战略的有效落地。

刘国锋　博士
中国铁塔股份有限公司副总经理
工业和信息化部信息通信科学技术委员会副主任
2023 年 3 月

| PREFACE |
| 前 言 |

## 新时代换电人的使命与担当

本书鲜活地记录了换电产业的发展,素材来源于我的微信公众号"遇见新能源"。2021年元旦,在做了5年新能源特别是换电工作后,我决定把自己的所做、所思、所想、所悟写出来,与行业诸君分享。

说到换电,大家可能并不陌生,我们去餐馆吃饭手机快没电时,就会租借充电宝来给手机补电。那么,外卖、快递从业人员在车辆电池快没电时应该怎么办呢?有两种选择:一是自己充电,不仅耗时长,在配送高峰时段,这种方式可能耽误送单,还可能会收到差评;二是换电,这种方式速度快且不耽误配送,一举两得。我从事的就是这种为相关人员提供换电服务的工作。

"一个时代有一个时代的主题,一代人有一代人的使命。"新能源浪潮正滚滚向前,这个伟大的时代为每个人都出了一份考卷,我们都是这个时代的答卷人。作为新能源时代的换电人,我们又肩负着什么样的使命,承载着何种担当呢?

我们从事的领域是"产业互联网"。产业互联网讲究的是谁的资产网络布局密、产品服务好,其本质是在基础设施建构之上深入供给端,通过整合产业链上下游,提升整个产业的运营效率和客户感知,它向下深扎产业,向上拥抱互联网,是消费互联网在实体经济和产业服务领域的延伸和必然。换电产业构筑的是国家的能源"新基建",整合的是以电池、换电柜、渠道、维护等为代表的产业链资源,提高的是客户的换电效率和体验。

我们打造的是一个"奋进"的新平台。在这个平台上,消费者下单,商家接单,外卖、快递从业人员送单,而换电确保了配送环节的高效运转。在这个平台上,外卖已成为一个城市畅通的"微循环",成为美食到客户的"最后一公里",换电的作用就是助力配送更快一点。在这个平台上,我们看到的是外卖、快递从业人员各自向上生长的人生故事:他们有的通过工作还清了之前的债务,有的通过工作支撑起了家庭,有的通过工作为自己上大学筹集学费……一幅幅生动的画卷在你我面前缓缓展开,每个人的生活是那么丰富多彩,但又是如此不同,在这里,人、车、换电构成了这个城市最美的风景线。

我们选择的是一条"共享创新"的道路。以外卖和快递电动两轮车为代表的轻型车换电模式,为以电动汽车为代表的汽车换电模式提供了宝贵的实践经验。在电动汽车换电的道路上,国内外优秀企业层出不穷。以色列人夏嘉曦创办的Better Place公司开创了电动汽车换电的先河;美国Ample公司发明了万能适配的"积木换电",一定程度上解决了换电电池的兼容性问题;以蔚来为代表的电动汽车企业通过BaaS模式,将换电电池从一种能源产品转变成一种能源服务,实现了技术创新与商业模式的双重突破;以宁德时代为代表的电池厂商通过"巧克力电池块",使得"一车一电池"变成了"一车多电池";以奥动为代表的第三方运营商最大限度地实现了合作开放共赢。

在国家政策的引导下,在各地政府的支持下,我国优秀的换电企业正在规模化织就遍布全国乃至全球的换电网络。而构建规模化、智能化的换电网络,提供高性价比的产品和服务,不辜负客户的信任与重托,就是我们新时代换电人的使命与担当!

本书系统分析了换电产业的市场结构、产业特征和政策标准,详细论述了换电的技术精髓、安全机理和锂电池的生命周期,深入总结了换电产业通过创新取得"双赢局面"的主要举措,最后前瞻性地预测了换电经济的发展趋势。

谨以本书献给伟大的祖国,献给广大的新能源从业者、研究者、实践者和爱好者，我们都是同路人，你们的支持永远是我奋斗的最大动力。

是为前言。

刘春华

2023 年 2 月

# CONTENTS 目 录

推荐序一
推荐序二
前言

## 第1章 换电经济的兴起 /1

### 1.1 轻型车换电的应运而生 /1
1.1.1 即时配送的运输需求 /1
1.1.2 国家的宏观调控 /5

### 1.2 汽车换电的兴起之旅 /7
1.2.1 商用车的四大内在需求 /7
1.2.2 产业链各方的卡位布局 /8
1.2.3 国家政策的推动 /9

第2章 换电服务的"人货场" / 12

2.1 人：换电服务的核心 / 12
2.1.1 轻型车换电的三类用户画像 / 13
2.1.2 汽车换电的三大群体划分 / 21

2.2 货：换电服务的重点 / 24
2.2.1 安全为先 / 25
2.2.2 换电服务四字诀 / 25

2.3 场：换电服务的保障 / 27
2.3.1 轻型车换电：换电柜 / 28
2.3.2 汽车换电：换电站 / 36

第3章 保驾护航的政策标准 / 40

3.1 什么是"新国标" / 41
3.1.1 电动自行车"新国标" / 41
3.1.2 汽车换电"新国标" / 46

3.2 换电："国之重器" / 48
3.2.1 纳入国家"新基建" / 48
3.2.2 政策优惠和财政补贴 / 50
3.2.3 行业标准的统一 / 51

3.3 电动自行车政策及分区治理 / 52
3.3.1 国家层面的管理规定 / 53
3.3.2 四大一线城市的管理规定 / 57
3.3.3 其他省市的稳步推进 / 62
3.3.4 政策走向 / 66

3.4 从汽车换电政策看行业监管导向 / 66
  3.4.1 国家层面的政策支持 / 67
  3.4.2 地方层面的政策支持 / 69

# 第4章 安全是最大的豪华 / 72

4.1 火灾事故探究一：电池热失控 / 73
  4.1.1 热失控机理 / 73
  4.1.2 热失控三大类型 / 76
  4.1.3 热失控两大原因 / 80

4.2 火灾事故探究二：电动自行车改装 / 82
  4.2.1 改装现状 / 83
  4.2.2 改装的三种形式 / 84
  4.2.3 改装的应对方案 / 88

4.3 充换电的安全举措 / 92
  4.3.1 安全充电的四个解决方案 / 92
  4.3.2 安全换电的四道防护 / 95

# 第5章 锂电池的生命周期 / 100

5.1 锂电池的原材料组成 / 100

5.2 碳酸锂的供需失衡 / 101
  5.2.1 两大提取来源 / 103
  5.2.2 锂资源的高度垄断 / 106

5.3 六氟磷酸锂的崛起 / 108
  5.3.1 电解液的构成 / 108
  5.3.2 六氟磷酸锂的价格走势 / 109

5.3.3 各大企业的资源争夺 / 111
5.3.4 我国企业的问鼎之路 / 112

5.4 席卷而来的涨价浪潮 / 114
5.4.1 PPI 与 CPI 的收敛 / 115
5.4.2 电动车的涨价之路 / 117
5.4.3 换电市场的应对策略 / 118

5.5 锂电池的回收利用 / 120
5.5.1 梯次利用"面面观" / 121
5.5.2 再生利用"显生机" / 127
5.5.3 政策推动与落地实践 / 129

# 第 6 章 汽车充换电的技术精髓 / 133

6.1 电动汽车充电的基本知识 / 133
6.1.1 充电原理 / 134
6.1.2 充电机与充电枪 / 136
6.1.3 充电速度 / 136
6.1.4 直流电和交流电趣史 / 138

6.2 家庭桩占主流的"慢充" / 140
6.2.1 慢充的原理 / 140
6.2.2 OBC 的作用 / 141

6.3 公共桩占主流的"快充" / 142
6.3.1 高电流快充 / 143
6.3.2 高电压快充 / 145

6.4 走出实验室的"无线充电" / 148
6.4.1 三大优点 / 149

         6.4.2 两种技术 / 149
         6.4.3 实际应用分析 / 152
    6.5 "强势"的换电技术 / 155
         6.5.1 换电本质 / 155
         6.5.2 三大换电方式 / 156
         6.5.3 换电产业链 / 158
         6.5.4 安全要求 / 159
    6.6 向左走，向右走：快充还是换电 / 160

第 7 章 创新是发展的动力 / 163
    7.1 从产业互联网看轻型车换电 / 163
         7.1.1 上半场：三种模式 / 164
         7.1.2 消费互联网与产业互联网 / 166
         7.1.3 如何做好产业互联网 / 171
         7.1.4 下半场：五个发展方向 / 173
    7.2 换电业务的创新 / 175
         7.2.1 创新也是资产 / 175
         7.2.2 创新的折旧正在加速 / 177
         7.2.3 开放式创新 / 178
         7.2.4 换电业务的四种创新方式 / 181
    7.3 换电电池的"创新之旅" / 185
         7.3.1 低温造成的影响 / 185
         7.3.2 磷酸铁锂电池的两大应对策略 / 186
         7.3.3 从磷酸铁锂电池到钛酸锂电池 / 187
         7.3.4 钛酸锂电池的应用 / 192

7.4 换电平台的"演进之路" / 196
　7.4.1 前台：做大、做强 / 196
　7.4.2 中台：做薄、做敏捷、变快速 / 200

7.5 "车电分离"情景下的智能中控系统 / 202
　7.5.1 "车电分离"与智能中控系统 / 203
　7.5.2 中控的组成 / 204
　7.5.3 中控的三大功能 / 206

7.6 分时电价机制下的业务创新 / 213
　7.6.1 分时电价机制的实施原因 / 213
　7.6.2 分时电价机制的六大内容 / 214
　7.6.3 换电各方的四大应对策略 / 216

# 第 8 章　汽车换电的"双赢局面" / 222

8.1 从 Better Place 看汽车换电的前世今生 / 222
　8.1.1 破晓诞生 / 222
　8.1.2 扬帆启航 / 223
　8.1.3 且战且退 / 224
　8.1.4 落下帷幕 / 226

8.2 从 Ample 看万能适配的"积木换电" / 228
　8.2.1 顺势而立 / 228
　8.2.2 化整为零 / 230
　8.2.3 市场布局 / 231

8.3 以蔚来为代表的车企模式 / 233
　8.3.1 BaaS 模式 / 233

8.3.2 国内网络布局 / 235
8.3.3 海外网络布局 / 237
8.3.4 共享换电方案 / 238

8.4 以宁德时代为代表的电池厂家模式 / 238
8.4.1 EVOGO 和巧克力电池块 / 239
8.4.2 落地推进 / 240
8.4.3 乘用升拓 / 241
8.4.4 商用探索 / 242

8.5 以奥动为代表的第三方运营商模式 / 243
8.5.1 多元化的网络布局 / 243
8.5.2 多元化的车企合作 / 245
8.5.3 多元化的电池运营 / 246
8.5.4 "四步走"的双碳战略 / 247

8.6 轻型车换电的经验借鉴 / 248
8.6.1 标准要统一 / 249
8.6.2 形成布局广、可共享的换电网络 / 250
8.6.3 聚焦"营运特性"用户 / 250

# 第9章 换电经济的发展趋势 / 252

9.1 轻型电动车发展十大趋势 / 252
9.1.1 存量、结构与布局 / 252
9.1.2 四大市场发展走向 / 255
9.1.3 新赛道、新方式、新能源 / 258

9.2 轻型电动车换电十大预测 / 261
9.2.1 产业模式形成 / 261
9.2.2 产业格局初定 / 262

  9.2.3　产业属性初显　/ 263

  9.2.4　产业生态加速整合　/ 264

 9.3　电动汽车发展十大趋势　/ 265

  9.3.1　电动化、智能化正合二为一　/ 265

  9.3.2　能源革命重塑产业链条　/ 267

  9.3.3　产业将向中国集聚　/ 270

 9.4　电动汽车换电十大预测　/ 274

  9.4.1　从 B 端到 C 端　/ 274

  9.4.2　从早期试点到初具规模　/ 275

  9.4.3　从单打独斗到共建共享　/ 277

  9.4.4　从换电服务到换电生态圈　/ 278

**参考文献**　/ 279

**后记**　/ 281

# 第 1 章

# 换电经济的兴起

## 1.1 轻型车换电的应运而生

轻型车换电主要指两、三轮电动车换电,它随着我国即时配送行业的发展而兴起,又随着国家政策红利的释放而茁壮成长。

### 1.1.1 即时配送的运输需求

随着社会节奏越来越快,人们对外卖的需求也越来越大。外卖平台通过"快捷配送、产品丰富"的优势吸引了大批人进行消费。根据华经产业研究院的数据，2016～2021年，网上外卖用户的规模及渗透率总体呈增长趋势，如图1-1所示。

图1-1　2016～2021年网上外卖用户的规模及渗透率

随着外卖行业的发展，线下配送服务也随之发展起来。据公开资料显示，在我国的4亿名蓝领中，新蓝领（包括服务业大类中的销售人员、储运人员、餐饮酒店旅游服务人员、社会服务与居民生活服务人员四类）的占比超过了传统蓝领，而骑手成为近年来新蓝领的热门职业选择。

《新京报》于2020年11月对新蓝领选择骑手工作的原因进行调查，结果显示，"时间灵活"是新蓝领选择骑手工作的最重要原因，也是这份工作本身最显著的特征，尤其是在新冠疫情期间，骑手工作吸纳了大量第二产业、第三产业从业人员，时间灵活在一定程度上增强了疫情期间从业者的就业弹性，维护了疫情期间社会就业的稳定（见图1-2）。

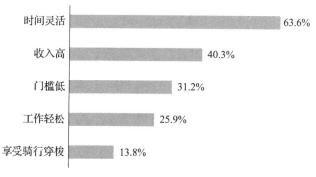

图 1-2 新蓝领选择骑手作为工作的原因

骑手是典型的即时配送群体,需要在有限的时间内将外卖、文件等物品送到客户手中,《新京报》的调查显示,他们的日均配送单量多在 30～50 单,如图 1-3 所示。

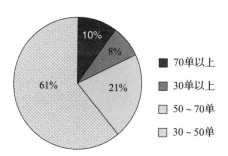

图 1-3 骑手日均配送单量

为了完成配送任务,骑手需要用到两、三轮电动车作为运输工具,这时满电电池的实时接续就成了快速配送的关键。雅迪 2022 年针对骑手运输工具需求的调研显示,速度、价格、续航是骑手最为关注的三个要素,如图 1-4 所示。

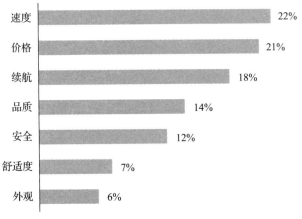

图 1-4 骑手对于运输工具的需求

在即时配送行业,时间就是金钱,两、三轮电动车充电还是换电就成了摆在骑手面前的首要问题。我们来对比一下充电与换电的优缺点,如表 1-1 所示。

表 1-1 充电与换电的优缺点对比

| 对比项目 | 充电 | 换电 |
| --- | --- | --- |
| 充电安全 | 充电过程不可控,存在着火和爆炸风险 | 全过程集中化、可视化、标准化充电,充电柜消防措施完善,杜绝火灾风险 |
| 丢失困扰 | 车辆无定位,丢失无法找回 | GPS 定位,防丢失 |
| 价格 | 用户购买电池价格高,需定期更换,维护成本高 | 电池租赁使用,无须购买 |
| 便利性 | 电池笨重,充电时搬取不方便,充电过程不可控,存在风险 | 轻便、可单手换电,扫码、刷脸、直插,快捷方便 |
| 时间限制 | 充电时间 2~8 小时,关键时刻无法应急 | 无须充电,轻松换电,随时随地,想换就换 |

相较于传统的充电模式,换电模式具有更快速、更便捷、更安全、更优惠的优势,因此,对于"抢时间就是抢收益"的

骑手来说，换电将是首选的补能方案，但要实现换电模式的规模化、规范化，还需要国家政策层面的支持和保驾护航。

## 1.1.2　国家的宏观调控

截至 2021 年年底，我国电动自行车保有量已达 3 亿辆，且每年以 3500 万辆的新增规模在高速发展。但由于电动自行车涉及的生产、销售、通行、充电、回收等环节还未形成有效监管合力，其造成的火灾、交通事故等意外事件不断发生。

应急管理部消防救援局数据显示，2018 年全国共发生电动自行车火灾事件 3000 余起，2021 年就上升到 1.8 万余起，近五年还发生过 2 起电动自行车引发的重大火灾事件，电动自行车的安全风险突出。

为此，国家相关部门近几年连续出台安全管控措施，很大程度上促进了电动自行车换电产业的发展。

### 1. 新国标的推行

在电动自行车安全事故频发的背景下，国家于 2018 年 5 月 15 日发布强制性国家标准《电动自行车安全技术规范》（GB 17761—2018），该标准自 2019 年 4 月 15 日起正式实施。

随着新国标的实施，市场上的电动自行车将面临大规模淘汰，铅酸电池也将被锂电池所替代；电动自行车整车重量小于或等于 55 千克的要求，又严重影响了续航时间，而骑手对电能补给的及时性需求正逐年递增。因此，新国标的实施催生了换电行业的发展，电动自行车开启了换电新时代。

### 2. 应急管理部第 5 号令

2021 年 6 月 21 日，应急管理部发布第 5 号令《高层民用建筑消防安全管理规定》，该规定自 2021 年 8 月 1 日起生效。规定中明确提到：在高层民用建筑的公共门厅、疏散走道、楼梯间、安全出口停放电动自行车或者为电动自行车充电，拒不改正的，将对经营性单位和个人处 2000 元以上 10 000 元以下的罚款，对非经营性单位和个人处 500 元以上 1000 元以下的罚款。

应急管理部第 5 号令的发布和实施，进一步提升了电动自行车充电的安全性和惩罚的可量化性，具有较强的可实施性和落地性。该政策的实施既推动了市场监管力度的提升，也推动了电动自行车换电模式的快速发展，让消费者对于换电模式更加青睐。

### 3. 国务院安委会监管方案

2022 年 8 月，为认真落实国务院安委会关于加强安全生产十五条硬措施的相关要求，切实强化电动自行车全链条安全监管，国务院安委会印发了《加强电动自行车全链条安全监管重点工作任务及分工方案》(以下简称《方案》)。

《方案》提出，要系统梳理加强电动自行车全生命周期安全监管的重点工作任务，依据"管行业必须管安全、管业务必须管安全、管生产经营必须管安全"以及"谁主管谁牵头、谁为主谁牵头、谁靠近谁牵头"的原则抓实全链条安全监管责任，着力解决电动自行车产品质量、流通销售、通行秩序、停放充电、拆解回收等方面的突出问题。

综上，我国即时配送行业的快速发展催生了对换电模式的强烈需求；换电模式的安全性、便利性和经济性又将这一需求变为现实，而国家相关管控政策的颁布和实施又引导和规范了这一行业的健康可持续发展。

## 1.2 汽车换电的兴起之旅

和轻型车换电最开始兴起于外卖、快递等运营类场景一样，汽车换电也开始于出租车、网约车和重卡等商用车场景，在这两类场景中，车辆都是作为生产工具的存在。

### 1.2.1 商用车的四大内在需求

作为重要的生产工具，商用车运营者对车辆有着自身内在的需求。

1. 重视初始投资成本

商用车运营的目的在于以尽可能低的初始投资，实现快且多的盈利，而在换电模式下用户只需购买车架，这就大大降低了初始投资成本。

2. 时间性要求高

时间就是金钱。对于商用车来说，如果一天充两次电，就需要牺牲两三个小时的营运时间，而这时换电模式补能速度快的优势就瞬间体现了出来，这就意味着用户能有更多的时间去跑运输赚钱。

**3. 关注后续维修维护成本**

商用车运营者一方面关注初始投资成本，另一方面也非常重视后续的维修维护成本。而作为占成本大头的锂电池，其后续的维修维护成本支出不可预测，而换电模式则解除了用户的后顾之忧。

**4. 收费简单透明**

换电模式一般按照行驶里程收费，简单透明并可预测。运营者可根据每天的收入和换电成本支出，非常快速地计算出自己的盈利。

由此可见，换电模式正好契合了商用车运营方的内在需求，二者相辅相成，携手引领蓬勃发展的新型补能浪潮。

目前，乘用车也正在复制商用车换电的路径，成本低、补能快的特点是用户采用换电模式的主要原因。

## 1.2.2 产业链各方的卡位布局

随着换电模式的规模发展，产业链相关方也在积极卡位布局。目前，换电模式的提供方主要有三类：一是以蔚来、吉利为代表的汽车厂商，二是以宁德时代为代表的动力电池厂商，三是以奥动为代表的第三方换电运营商。

汽车厂商作为电动汽车的生产者和销售者，其进入换电市场的主要目的是促进车辆的销售，因此换电服务可以作为其车辆服务的一部分,从而做到更好地为客户服务。

动力电池厂商作为动力锂电池的生产者和销售者,其进入换电市场的目的主要是促进电池的直接销售或者以租代售;同时通过建立"电池银行"来充分发挥锂电池全生命周期的价值。

第三方换电运营商既不生产汽车,又不生产电池,其进入换电市场的目的主要是通过第三方的身份,来汇聚尽可能多的电池厂商和汽车厂商,充分发挥自身的兼容性,实现多方共赢。

### 1.2.3 国家政策的推动

**1. 2020 年:换电模式第一次被写入《政府工作报告》**

2020 年,作为新基建的重要部分,换电模式第一次被写入《政府工作报告》,上升到国家发展新能源汽车的战略层面。

**2. 2020 年:副部长亲自讲解换电优势**

2020 年 7 月下旬举行的国务院新闻发布会上,工业和信息化部副部长辛国斌总结了换电模式的七大优势,并表示换电模式已纳入国家积极鼓励的范畴中。

(1)车电分离,降低购车成本。锂电池在电动汽车中的成本占比将近一半,车电分离可以大大降低购车成本。

(2)增加消费者出行便捷度。换电池时间只要 3 分钟,甚至比加油(一般为 5 分钟)都快。

(3)延长动力电池寿命,提升安全性。电池运营公司会定期对电池进行集中检查、养护与管理,这有利于延长动力电池的寿命，提升电池的安全性。

（4）利用峰谷电价差降低充电成本。换电模式下，电池运营公司可以利用谷时来充电，大大降低了电费成本。

（5）降低车重，减少耗电。用户可根据每天的行驶里程来租赁相应容量的电池，大大减少车辆的载重和耗电。

（6）解决老旧小区充电难问题。许多老旧小区电力容量不够，扩容成本高，而换电模式可以很好地解决充电难问题。

（7）催生新的服务业态。换电模式聚集了众多的参与者，可充分发挥各方的积极性和创造性，从而催生出一些新的服务模式。

3. 2021年：《电动汽车换电安全要求》发布

2021年11月1日，《电动汽车换电安全要求》（GB/T 40032—2021）正式实施，图1-5展示了车载换电系统在汽车中的分布。

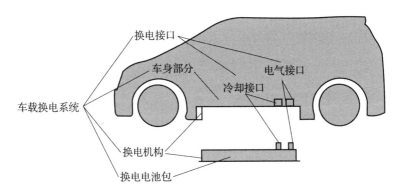

图1-5　车载换电系统在汽车中的分布

《电动汽车换电安全要求》提出换电汽车的电池包要做到

在行驶过程中不脱落；换电机构不应出现各种损坏问题，如腐蚀、变形等；换电接口不应出现各种故障，如绝缘失效、连接失效等。

这是我国汽车行业在换电领域制定的首个国家标准，有助于提升使用换电技术的电动汽车在机械强度、电气安全、环境适应性等方面的安全水平，保障换电电动汽车的安全性。

换电模式契合了用户的需求，产业链各方实现了自身的换电布局，加上国家政策的大力引导，三者相互促进，铸就了汽车换电的兴起之旅。

CHAPTER 2
第 2 章

# 换电服务的"人货场"

"人货场"是影响销售的 3 个重要因素。"人"是指销售时需要准确定位的目标群体,针对其消费喜好和消费习惯,针对性地推出符合其需求的商品和服务。"货"包括商品和服务的内容、价格和布局等,需要与人的需求相匹配。"场"是人与货交互的场景,决定着人获取商品和服务的便利性、安全性和经济性。

换电服务同样有着自身的"人货场","人"即使用换电服务的用户,"货"即换电服务所包含的内容,"场"即向用户提供换电服务的场所。

## 2.1 人:换电服务的核心

换电服务的本质是"人货场"的一体化运营,其中的"人"

是指符合换电用户消费特征的人群,是换电服务的核心。因此,提升换电服务的关键是要提高对换电用户的关注度和研究度,通过用户画像来切实了解他们的需求。本节将针对轻型车换电和汽车换电的用户分别进行探讨。

## 2.1.1 轻型车换电的三类用户画像

轻型车换电服务的用户主要包括三类:以外卖员为代表的即时配送群体,使用共享电单车出行的共享出行群体,以居民为代表的日常出行群体。

### 1. 即时配送群体

即时配送是立即响应用户提出的即刻服务要求并且短时间内送达的配送方式,可以灵活高效地满足用户的临时需求,即时配送生态圈如图 2-1 所示。

图 2-1 即时配送生态圈

近些年,"懒人经济"和"生活快节奏"的发展带动了即时配送物流市场的发展,越来越多的人开始享受各大平台提供的即时配送服务。未来,即时配送服务将向全场景、全距离、全时段方向发展,并加速成为本地消费的基础服务设施。根据东北证券的测算,外卖单量继2021年突破200亿单后,2024年将突破300亿单,2025年将达361.4亿单,如图2-2所示。

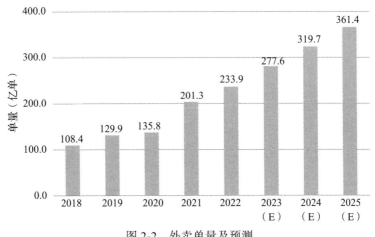

图2-2 外卖单量及预测

实现这些订单即时送达的运力就是骑手。国家统计局数据显示,截至2021年年底,我国灵活就业人员约2亿人。其中,骑手约1300万名(日活跃骑手约250万名),接近全国人口的1%,这意味着每100个中国人中就有1个是骑手。根据公开数据分析,可以给他们做一个简单的画像。

首先是骑手的户籍分布。《2021年度美团骑手权益保障社会责任报告》显示,我国的骑手主要来自四线及以下的农村地区,占比接近80%,如图2-3所示。

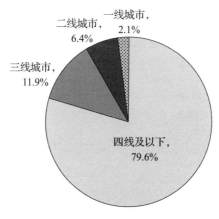

图 2-3　骑手的户籍分布

具体到省级行政区，饿了么蜂鸟配送发布的《2018外卖骑手群体洞察报告》数据显示，全国13%的骑手来自安徽，也就是说，全国每8个骑手中就有1个是安徽人。上海30%的骑手来自安徽，杭州21%的骑手来自安徽。户籍细分到县，安徽省包揽前五位，其中颍上县位列第一，其次是肥东县、怀远县、长丰县、肥西县（见图2-4）。其中颍上县地处淮河与颍河交汇处、黄淮平原最南端，是一个有170万人口的大县，也是全国劳务输出示范县，常年在外务工人员近70万人。

其次是骑手的年龄分布。《新京报》2020年调查发现，20～30岁的骑手居多，占比高达45.26%，如图2-5所示。

再次是外卖单量的区域分布。很少有城市能抵御外卖的诱惑，外卖数据反映了一个城市的经济规模、活跃度、生活消费模式和年龄结构，是一个城市综合实力的"晴雨表"。根据"餐饮小程序"2021年每月外卖单量的数据，我们得到了图2-6。

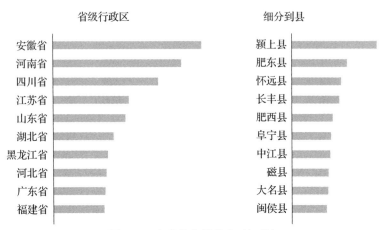

图 2-4 骑手的户籍分布（细分）

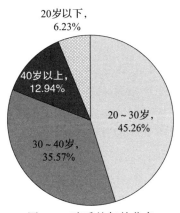

图 2-5 骑手的年龄分布

从数据来看，月均外卖单量排名前十的城市集中在北京、珠三角、长三角、两湖、成渝等地，其共同点是经济发达且活跃度高，工作生活节奏快，社会分工细，而且气候适宜，是外卖单量集中爆发的区域。从图 2-6 还可以看出，前十名只有北京是北方城市，其他都是南方城市，这也反映了南北经济及消费模式的巨大差异。

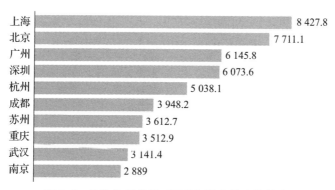

图 2-6　月均外卖单量（万单）排名前十的城市

然后是外卖订单的时间分布。华安证券的调研显示，骑手外卖送单的高峰时段呈"双驼峰"分布：工作日午间和晚间是外卖需求最为集中的时段，午餐订单集中且单量大，订单占比约 30%；晚餐消费时间长，晚餐及夜宵订单占比约 40%。午间下单的峰值时段为 11 时至 12 时，该时段订单量占全天的 15.2%；晚间下单的峰值时段为 18 时至 19 时，该时段订单量占全天的 9.2%，具体如图 2-7 所示。

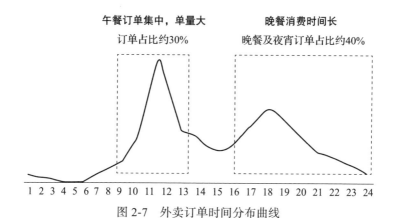

图 2-7　外卖订单时间分布曲线

最后是骑手的在网时长分布。这个指标意味着骑手送外卖的生命周期，根据某轻型车换电运营商的数据，在网时长 2 个月内的骑手占比将近一半，可见骑手这个职业的流动性是比较强的，如图 2-8 所示。

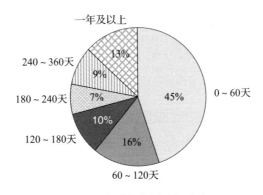

图 2-8　骑手的在网时长分布

综合上述五点，我们可以知道，目前即时配送群体以"90后"的年轻群体为主，其区域性和流动性都相对较强，而要满足这类人群的即时配送工作需求，就必须根据他们的画像来提供对应的换电服务。

### 2. 共享出行群体

随着低碳出行和共享经济的兴起，共享电单车在日常出行中正扮演着越来越重要的角色。对于很多上班族而言，"地铁、公交＋共享骑行"的出行方式已是日常标配。

极光行业研究院 2021 年发布的调研报告显示，在中国城市通勤距离分布上，5 公里内的通勤人群占比达 67.5%（见

图 2-9）。对比共享电单车、私人电单车、公交车、地铁、网约车、出租车等不同出行方式的特征，结合共享电单车限速、出行成本等考量因素，5 公里内使用共享电单车出行在性价比、综合体验方面更有优势。

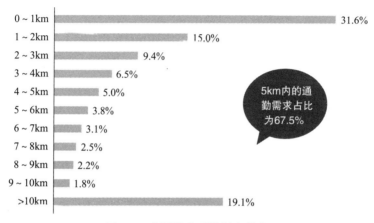

图 2-9　中国城市通勤距离分布

在用户对共享电单车所有骑行场景的需求中，以通勤、外出购物、休闲娱乐和公交接驳为最，其中通勤和外出购物场景下的需求均超过 40%（见图 2-10）。根据极光调研的数据，近三成用户日常出行几乎都可通过共享电单车满足，超过四成的用户每周会使用共享电单车三次以上。

从用户的城市分布来看，由于一线城市对共享电单车监管较严，其用户主要集中在三线及以下城市。据艾媒咨询 2020 年公布的数据，在共享电单车用户的城市分布中，一线城市仅占 1.8%，二线城市占 27.4%，三线城市占 36.2%，四线及以下城市的用户占比达到 34.6%，如图 2-11 所示。

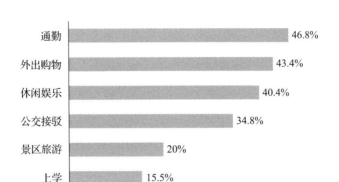

图 2-10 共享电单车骑行场景

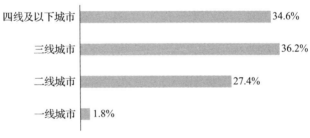

图 2-11 共享电单车用户城市分布

截至 2022 年年底,我国有超过 4 亿名共享出行用户使用共享单车或者共享电单车,用户主要集中在二线及以下城市,通勤距离通常在 5 公里以内,以通勤、外出购物、休闲娱乐、公交接驳为主要骑行场景,这基本就是共享出行群体的画像。

3. 日常出行群体

互联网消费调研中心的数据显示,2021 年我国电动自行车用户的年龄主要集中在 30~50 岁,六成以上用户骑电动自行车的目的是去超市购物或菜市场买菜,而上下班是电动自行车用户使用频率最高的场景，如图 2-12 和图 2-13 所示。

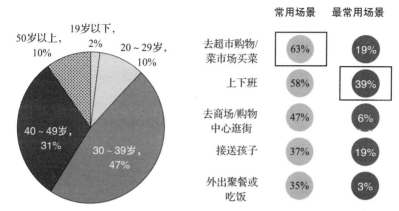

图 2-12　电动自行车用户年龄占比　　图 2-13　电动自行车使用场景

艾瑞咨询的数据显示，用户对电动自行车的续航里程需求主要集中在 50～150 公里，约占 64%，如图 2-14 所示。

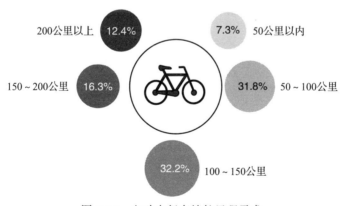

图 2-14　电动自行车续航里程需求

## 2.1.2　汽车换电的三大群体划分

汽车换电服务的对象包括三类群体：以重卡换电为代表的

货物运输群体，以出租车、网约车换电为代表的载人运输群体，以乘用车换电为代表的日常出行群体。

### 1. 货物运输群体

2021年10月，工业和信息化部启动新能源汽车换电模式应用试点工作，其中四川宜宾、河北唐山、内蒙古包头被明确为重卡特色类试点城市。这三座城市均是工业重地，拥有钢厂、电厂等高能耗企业，因此通过换电重卡来推动货物运输，意义重大。

重卡换电有三大特点。

（1）封闭场景。重卡换电主要为封闭场景，比如矿山、钢厂、港口等，使用换电重卡可实现电能的快速高效补给，通常情况下建一座换电站可解决整个区域的服务需要，既可以降低运输成本，又可以做到节能降碳，实现双赢。

（2）固定路线。重卡换电多涉及固定路线，比如矿山和钢厂之间、矿山和电厂之间、矿山内部运输等，换电模式可消除里程焦虑，实现"无限续航"；大幅减少充电时间，提高运输效率，备受市场认可。

（3）规模经济。重卡换电往往是规模化、密集化作业，换电站少、服务车辆多且换电频次高、效益好，是不可多得的换电场景。

### 2. 载人运输群体

2015年，北汽新能源推出了换电出租车，是最早进入换电出租车市场的企业。司机无须倒车也无须下车即可完成换电，从换电站抬杆、车辆入场，到工作人员检查换电订单、开始换电，再到完成换电后工作人员检查电池安装情况、车辆出站，整个过程仅需不到 3 分钟。

出租车、网约车换电具有三大特点。

（1）行驶里程长。汽车作为司机谋生的工具，一般行驶距离较长，平均每天行驶 300 公里，每年要跑 8 万～10 万公里。

（2）路线不固定。作为运营服务车辆，出租车、网约车的路线根据客户需求而定，不像换电重卡那样路线比较固定，这就需要换电站具有一定的密度，以备车辆电量不足时能及时换电，而不耽误后续的行驶。

（3）性能要求高。出租车、网约车主要是运送乘客安全快速到达目的地，因此，在行驶途中不能中途断电，这需要电池质量高及电池管理系统（BMS）的计算控制要做到尽量精确，不能出现虚电等现象。

### 3. 日常出行群体

蔚来是国内最早对个人提供换电服务的车企，日均提供换电服务超过 30 000 次，相当于平均每 2.8 秒就有一台车从换电站满电出发。

根据蔚来车主的情况，我们可以描绘出这类群体的画像。

（1）年轻人为主体。蔚来曾在媒体中透露过车主画像：90%左右为男性，其中 ES8 创始版车主平均 36 岁，80% 有孩子，月收入平均 5 万元，私有企业主将近 60%；ES6 车主的平均年龄是 30 岁，更显年轻化；EC6 车主的平均年龄更低。而选择换电服务的用户，其年龄应该更低一些。

（2）关注科技元素。蔚来ET7搭载了第二代电驱系统，使用了双电机驱动系统，总功率达到了480kW，相比上一代提升了20%，让其在动力、续航、NVH、功率等性能方面大幅度提升，这让ET7拥有3.8秒的零百加速度，动力表现堪比超跑。科技元素是车主选择换电的重要指标。

（3）注重省时便捷。根据蔚来北京提供的数据，2022年换电模式已占北京用户全部补能方式的60%，这也说明换电已成为最受北京车主欢迎的主流补能方式，而这需要用户离换电站不能太远。为此，蔚来提出了"电区房"概念，指的是距离换电站3公里以内的住宅或办公场所。拥有"电区房"的用户通过换电站就近换电的体验，基本超越了驾驶燃油车前往附近加油站加油的体验。

至此，我们已经较为系统地讨论了换电服务的"核心"——各类换电用户的消费特征和人群画像。下一节我们将讲述换电服务的重点——"货"。

## 2.2 货：换电服务的重点

工欲善其事，必先利其器。要想提供优质的换电服务，首先要打造优质的换电产品。在"人货场"的一体化运营模式中，"货"是指换电电池及其安全便利性，这是换电服务的重点，也是行业永固的基石。

## 2.2.1 安全为先

安全是换电服务的底线和生命线，无论轻型车换电还是汽车换电，安全都是用户关注的重点。对于换电服务来说，安全最直接的表现就是不着火爆炸，这也是用户从"车电一体"转向"车电分离"进行换电的出发点和落脚点。具体来说，换电服务的安全性主要体现在三个方面。

（1）换电电池的高性能（高循环寿命、高能量密度、高放电倍率、宽温度适应性）以及其对应的合理成本都是建立在其安全基础之上的。

（2）BMS作为电池的大脑和保姆，需要对关键参数指标（温度状态、荷电状态、健康状态、能量状态、充放电倍率状态）有一套准确的计算和控制策略。

（3）电池和车辆的精准匹配。由于车电分离，所以不但需要电池和车体在尺寸上的匹配，更重要的是相互的指标参数匹配以及BMS和车辆控制器的实时互联互通。

因此，换电服务是建立在"车电分离"基础上的快速补能服务，是换电、价格、体验的集合。

## 2.2.2 换电服务四字诀

在充分满足安全性能的前提下，我们对换电服务提出了四字诀：多、快、好、省。

"多"包括三个层面：换电的网点要密集，网点的换电电池要多，以及电池的电量要满，三者缺一不可。网点密集，用户才能方便地找到换电站；换电电池多，用户才可以有电池可换；电池满电，用户才有换的必要。当然，在用户换电的高峰期，还需要换电运营人员进行电池的"忙闲调度"，以最大限度满足热门换电网点的用户需求。

**"快"** 包括两个层面：用户需要换电时导航到网点要快，到网点后换电速度要快。换电的终极目标是提供与加油速度相媲美的换电服务，甚至让换电比加油更便捷。

**"好"** 包括三个层面：换电时的体验要好，行驶时跑得远不出故障，出故障后能紧急救援或维修。比如，用户去换电时没有满电电池或者需要排队很久，那就得不到好的体验。行驶过程跑不远或突然中途断电都会影响正在提供的服务，而如果救援迟迟不能到达，更谈不上体验好。

以铁塔换电的"骑手之家"为例，如图 2-15 所示，作为全国最大的轻型车换电运营商，铁塔换电在全国各城市设置了 340 多个"骑手之家"，实现"进店即到家"、打造值得信赖的"劳动者港湾"，为换电用户提供良好体验。

图 2-15 铁塔换电的"骑手之家"

沃尔沃与星巴克的合作方式也值得借鉴：前者在后者位于美国的门店旁建立了快速充电站，用户可以边喝咖啡边充电。

**"省"** 包括两个层面：单次换电或包月换电费用低，换电后每度电量能跑的距离远。"省"是很多用户关心的问题，算好"经济账"才能聪明消费。目前，轻型车换电普遍采用299元包月不限次的换电套餐，汽车换电普遍采用的是按里程收费。

以宁德时代旗下EVOGO换电服务为例，其在厦门的巧克力换电块的单次租金最低价为399元/块，每块巧克力换电块的容量为26.5kW·h，成本为15.06元/kW·h。按照电动汽车平均百公里耗电15.95kW·h计算，26.5kW·h可以行驶166公里。根据北京交通发展研究院发布的《2021北京市通勤特征年度报告》，以北京中心城区平均通勤耗时51分钟、平均通勤距离13.3公里计算，巧克力换电块需要一周更换一次。这样，一年的换电费用就为399×52=20 748元。这时，我们可以假设一辆电动汽车售价30万元，动力电池的成本15万元、使用寿命6年，则每年的电池折旧成本为2.5万元。两相比较，不考虑电费的情况下，换电费用就比电池的折旧成本少了约20%。

可以说，换电行业在产品同质化明显的今天，除了产品质量的提升，客户体验也是争夺市场的重点。想要抢占更多的市场份额，就必须提升对客户的关注度。因此，建立在安全基础上的"多、快、好、省"四字诀是贯穿整个换电服务的核心理念。

## 2.3 场：换电服务的保障

2020年至今，从《电动自行车安全技术规范》到《新能源汽车产业发展规划》，换电模式已在国家层面受到了全方位的鼓励和引导。随着政策红利的不断释放，各企业纷纷涌入赛道，换电技术日新月异，商业模式也层出不穷。

万变不离其宗，无论是轻型车换电还是汽车换电，其本质都是"人货场"的一体化运营，其中的"场"是指提供商品和服务的场所。对于换电来说，就是指换电运营商建设运营的换电站。

### 2.3.1 轻型车换电：换电柜

轻型车换电包括三种场景：面向即时配送群体的 B 端换电、面向共享出行群体的 S 端换电、面向日常出行群体的 C 端换电。

**1. 面向即时配送群体的 B 端换电**

我们先以"铁塔换电"为例来介绍一下轻型车换电流程，如图 2-16 所示。

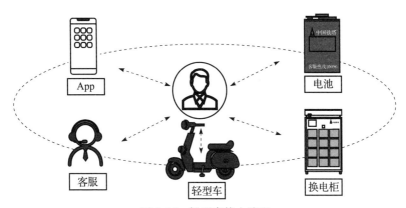

图 2-16 轻型车换电流程

当电池的电量快要耗尽时,骑手打开"铁塔换电"App,可以搜索并导航至附近的换电站,通过扫码归还低电量电池至换电仓,几秒后其他换电仓就会自动弹出满电电池,从而完成换电。

目前市场上主流的B端换电运营商有铁塔换电、这锂换电、智租换电、小哈换电等。铁塔换电是中国铁塔旗下的换电品牌,2019年年初开始布局B端换电业务。截至2022年7月底,铁塔换电已在全国31个省级行政区280个城市开通换电业务,服务网点超过5万个,付费用户超过80万名,累计服务用户超过280万名,是全国最大的轻型车换电运营商。铁塔换电的换电柜如图2-17所示。

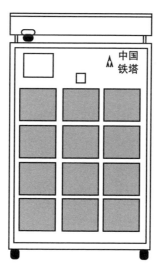

图2-17 铁塔换电换电柜

这锂换电依托自身产业链优势，主要布局杭州、成都、苏州、宁波、深圳、郑州、大连、武汉、合肥、温州、嘉兴、金华等50余个城市。从2019年开始，这锂换电就扎根于B端换电业务，2021年6月完成了A轮融资，同年12月完成了B轮融资，2022年8月完成了C轮融资。这锂换电的换电柜如图2-18所示。

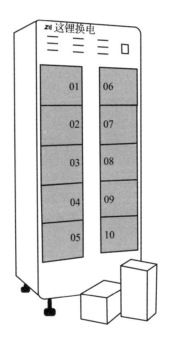

图2-18 这锂换电换电柜

同样于2019年开始布局B端换电业务的还有智租换电和

小哈换电。智租换电在长三角地区处于优势地位，正在快速扩大经营城市范围，目前主要布局上海、杭州、苏州、无锡、贵阳、广州、宁波、合肥、武汉、重庆、昆明、南宁等城市。截至 2022 年 1 月，智租换电已完成两轮融资，总金额超过 1.6 亿元人民币。智租换电的换电柜如图 2-19 所示。

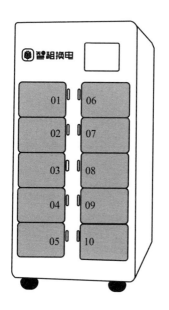

图 2-19　智租换电换电柜

小哈换电则是通过搭建高质量、高密度网络来实现网络效应和规模效应，主要在推行新国标电动车的城市开展业务，布局大连、广州、杭州、合肥、昆明、南宁、宁波、上海、深圳、沈阳、西安、郑州、成都、东莞、武汉、重庆、北京、济南、天津等城市。2021年7月20日小哈换电也完成数亿元的融资。小哈换电的换电柜如图2-20所示。

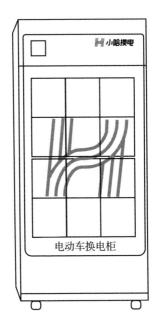

图2-20 小哈换电换电柜

### 2. 面向共享出行群体的S端换电

S端换电是指以满足居民5公里内出行为目的的共享电单车换电模式，运营商以美团、青桔、哈啰出行、松果出行等大型网络平台为代表。

以共享电单车为例，它的骑行流程是：用户扫码取车后骑行至目的地，下车后将共享电单车停放在指定区域并上锁，同时支付相应的骑行费用（见图 2-21）。

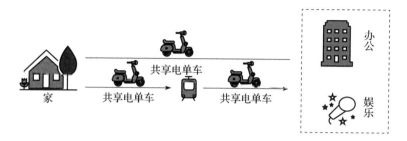

图 2-21　共享电单车骑行流程

目前全国性的共享电单车运营商有美团、青桔和哈啰出行等，它们依托较为成熟的共享单车业务向共享电单车领域延伸，凭借数据、流量、运维等优势快速占领了共享电单车市场。从市场存量来看，美团、青桔、哈啰这三家巨头共享电单车数量约为 670 万辆，占整个市场的 70%。其中哈啰出行共享电单车覆盖城市（含县）超过 300 个，青桔和美团共享电单车覆盖城市（含县）均超过 200 个。

美团自 2020 年 3 月起大力投入共享电单车业务，此前只是试水。作为本地生活平台，美团开展共享单车和共享电单车业务最核心的诉求是导流。但是之前开展的共享单车业务难以获得盈亏平衡，相当于"烧钱获取流量"。相比之下，共享电单车创收能力和盈利能力都较强，电单车投入运营两年内现金流即可回正。

从车辆投放量来看，美团现有共享电单车约 250 万辆。

2020～2022年的年投放量分别为200万辆、30万辆、20万辆。车辆厂家主要是新日，新日与美团是战略合作关系，为其既提供车辆，也提供电池。

2018年年初，"青桔单车"和"街兔电单车"面世，后来两个品牌整合为"青桔"。

从车辆投放量来看，青桔现有共享电单车约220万辆。2020～2022年的年投放量分别为120万辆、40万辆、10万辆。车辆厂家主要是雅迪、爱玛、绿源。

哈啰出行早在2017年就开始向市面上投放共享电单车，先于美团和青桔，当时一二线城市大多明确禁止或表示不鼓励发展共享电单车。哈啰出行的最大股东是蚂蚁金融，不仅能为哈啰出行完成导流，还能通过蚂蚁金融的信用系统为用户提供免押金、支付结算等一系列服务，降低用户的使用门槛。哈啰出行有超过50%的流量来自支付宝"哈啰出行"小程序。

从车辆投放量来看，哈啰出行现有共享电单车约为200万辆。2020～2021年的年投放量分别为100万辆和40万辆，2022年以来主要是对原有车辆进行翻新，然后再投入使用。同时，哈啰出行于2019年正式启动了电单车售卖业务，主要采用直销及加盟模式。

从2021年起哈啰出行就开始使用自造车辆，且造车进程进一步加速。2021年2月哈啰出行全资收购无锡迅逸电动车有限公司，7月与天津市宁河区政府达成合作，在天津市天宁工业园区投建两轮电动车超级工厂，预期满产年产能能够达到300万辆。

哈啰出行最早开展共享电单车业务，规模和美团、青桔相差无几，且已经介入造车等多样性生态，未来可期。

对比美团、青桔与哈啰出行，三者各有特点，如表 2-1 所示。

表 2-1　共享电单车三大运营商的发展情况对比

| 运营商 | 车辆投放量（万辆） | 主要车辆厂家 | 中控厂家 | 运营平台 | 开始投放时间 |
| --- | --- | --- | --- | --- | --- |
| 美团 | 250 | 新日 | 深圳立讯精密 | 自研 | 2020 年 |
| 青桔 | 220 | 雅迪、爱玛、绿源 | 深圳欣旺达，东莞立讯精密 | 自研 | 2018 年 |
| 哈啰出行 | 200 | 自己制造为主 | 深圳欣旺达 | 自研 | 2017 年 |

### 3. 面向日常出行群体的 C 端换电

C 端换电还处于小规模发展阶段，但相应的探索早已展开，其换电流程与 B 端换电一样，已经入驻的运营商主要有换换、猛犸换电和嘟嘟换电。

换换的全称是爱换换能源有限公司，由雅迪和大长江集团共同出资，于 2021 年 5 月在杭州成立。截至 2022 年 6 月底，换换已经在杭州、无锡、昆明三地布局换电站超过 200 座，有买车买电和居民自有车辆换电两种套餐。前者模式下换换与雅迪合作了 3 款定制车，分期付款 550×12 期、650×12 期、690×12 期，套餐内不限次换电；后者模式下费用为 30 元/月（80Ah）、60 元/月（180Ah）、90 元/月（280Ah）、160 元/月（520Ah），套餐外按用电量计费。

猛犸出行于 2019 年 8 月成立于深圳，依托门店资源，通过线上宣传，线下承接，结合灵活的租车方案，降低消费者购车成本，培养换电习惯。猛犸出行推出了不同的套餐组合，电池可卖、可租、可充、可换。一是买车租电模式。该模式下猛犸出行共有 8 款定制车型，车体基础价格有 1299 元、1499 元、1699 元、2299 元四个档位，租电价格有 59 元 / 月（15 次）、39 元 / 月（4 次）两个档位，押金 299 元。二是买车买电模式。该模式下猛犸出行共有 7 款定制车型，送 3 年免费换电服务，整体套餐有 3899 元、4099 元、4999 元三个档位。

同样位于深圳的嘟嘟换电成立于 2018 年，主要战略合作伙伴是台铃。嘟嘟换电的服务模式是买车租电。一般购车金额在 1179～4698 元，电池租金为 199 元 /6 个月，送 3 个月 45 次换电，单次换电 4.8 元，免押金。

2022 年可以说是 C 端换电的元年，也是 C 端换电大规模爆发的前夕，全社会居民换电的高潮即将到来。

### 2.3.2　汽车换电：换电站

汽车换电运营商目前主要有三大类别：以蔚来为代表的汽车厂商、以宁德时代为代表的动力电池厂商、以奥动为代表的第三方换电运营商。

#### 1. 以蔚来为代表的汽车厂商

蔚来的换电服务始于 2018 年 5 月 20 日，当时蔚来在深圳的南山科技园建成了第一座换电站。截至 2022 年 12 月，蔚来已在全国范围内建成 1300 座换电站。蔚来的目标是到 2025 年在全球布局超过 4000 座换电站,并打通中国"九纵九横十九大城市群"高速换电网络。

蔚来的换电主要服务于乘用车。截至 2022 年 7 月,除了蔚来品牌之外,蔚来换电还服务了 53 个非蔚来品牌。

与此同时,北汽、吉利、上汽、小鹏、哪吒、爱驰等车企也纷纷加入了换电业务的赛道。例如吉利,可谓是换电模式的资深玩家,早在 2017 年就开始布局换电。只是鉴于当时市场规模较小,吉利迟迟没有推出换电品牌。2022(第二十四届)重庆国际汽车展览会上,吉利旗下的睿蓝汽车一次性带来了三款新车型,都能够支持换电模式。睿蓝汽车作为"换电出行品牌"亮相,意味着吉利在私人乘用车、商用车、出租网约车等领域都开始了换电布局。此外吉利还与奥动,同时走 B 端和 C 端路线的上汽集团,中石化、上海电巴等机构,创下全球最多出租车换电站交付纪录的北汽新能源等合作。

## 2. 以宁德时代为代表的动力电池厂商

宁德时代于 2022 年 1 月 18 日发布换电品牌乐行换电(EVOGO),并为此成立了全资子公司时代电服,由其专门负责换电运营。EVOGO 全面面向乘用车、商用车和重卡提供服务。截至 2022 年 7 月,EVOGO 已落地厦门、合肥、成都等地。

中国汽车动力电池产业创新联盟数据显示,2021 年,中国动力电池装机量累计 154.5GW·h,同比增长 142.8%。其中宁德时代装机量为 80.51GW·h,市占率为 52.1%。从整体装机量来看,宁德时代占据半壁江山,但从品牌覆盖率来看,除比亚迪等少数自给自足的新能源车企外，宁德时代电池的品牌覆盖率几乎是100%。在自身条件允许下，很少有新能源车企会拒绝宁德时代。

事实上，EVOGO推出的换电体系适用于绝大多数车企生产的车型。其换电核心产品巧克力换电块能适配80%已经上市及未来3年内即将上市的纯电平台开放的新车型，车型跨度从A00级至B、C级乘用车及物流车。因此，宁德时代的入局有望打破电池标准难统一的僵局，车企间动力电池标准难统一的壁垒也将因巧克力换电块的大规模应用而松动。

### 3. 以奥动为代表的第三方换电运营商

奥动自2016年起就开始在全国布局共享换电服务网络。截至2022年5月，奥动已在全国37座城市：有超过630座换电站投入使用，换电次数累计超过2670万次，换电服务里程累计达到38亿公里。预计到2025年，奥动将在国内建设1万座换电站，为1000万辆以上的新能源车型提供换电服务。

在过去十余年间，奥动成功在北京奥运会、上海世博会、广州亚运会等重要场合实现了换电应用。奥动及其关联公司目前在全球126个国家或地区中，共有1100余件专利申请。其中，有效专利的数量超过490件，发明专利数量超过670件，且已授权的发明专利约70件。在2021年奥动举行的换电体验日暨用户体验中心开幕仪式上，奥动实地演示了利用换电站换电这一环节，从车牌识别到通道定位再到装卸电池，整个过程只需要20秒。

智能电网的平衡以及高效利用，是将来能源融合发展的一个重要途径。奥动正在积极布局换储一体站，真正实现每一座奥动换电站都是一座城市分布式储能站，奥动正从技术理念迭代、"双碳"实践与商业创新等全方位引领我国换电产业纵深发展。

换电模式的浪潮正在席卷华夏乃至全球，它不仅将改变电动车的补能方式，也将引发新能源领域的深刻变革。

CHAPTER 3

# 第3章

# 保驾护航的政策标准

火车跑得快，全靠车头带。任何行业从输血到造血都要经过一个漫长艰辛的过程，盲目摸索只会事倍功半，而国家政策的扶持和引导就是行业前进路上的指明灯。尤其是对于新兴行业来说，缺少能够借鉴的经验，宏观调控的前瞻性和方向性就显得尤为重要。

随着《中华人民共和国国民经济和社会发展第十四个五年规划和2035年远景目标纲要》的尘埃落定，中国的"双碳"现代化已迈上征途，换电业务作为新能源领域的一匹黑马，在享受先发优势快速崛起的同时，也滋生出很多不容忽视的弊端：安全管理和市场规范任重道远，标准统一和行业秩序箭在弦上，技术革新和业态升级仍是蓝海。为了更好地助力换电业务的发展，尤其是针对市场乱象的整治，近几年来国家陆续出台了一系列政策标准，可以说是悬于换电业务头顶的尚方宝剑。如何正确解读这些政策标准？本章将一一阐述。

## 3.1 什么是"新国标"

这里的"新国标"包括两个：一个是 2018 年发布的《电动自行车安全技术规范》，相对于 1999 年发布的《电动自行车通用技术条件》(GB 17761—1999)，是第一个"新"；另一个是 2021 年发布的《电动汽车换电安全要求》，这是汽车换电模式的首个基础通用国家标准，是第二个"新"。

### 3.1.1 电动自行车"新国标"

《电动自行车安全技术规范》于 2018 年 5 月 15 日由工业和信息化部组织修订，由国家市场监督管理总局、国家标准化管理委员会以《中华人民共和国国家标准公告》(2018 年第 7 号)批准发布，自 2019 年 4 月 15 日起正式实施。所谓的"四指标、三注意、两优化"是指四个核心指标、三个注意事项，以及两个优化方案。

#### 1. 四个核心指标

四个核心指标是指：最高车速不超过 25km/h，标称电压不超过 48V，电动机额定功率不超过 400W，车体宽度不超过 0.45m（见图 3-1）。

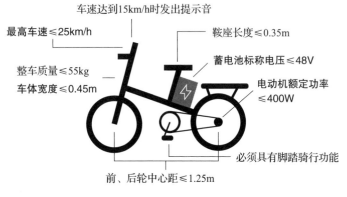

图 3-1　电动自行车的指标

跟"旧国标"相比,"新国标"中这些指标从硬件方面提高了电动自行车的安全门槛:时速的提高改善了用户的骑行体验;整车质量的增加提升了车辆在行驶过程中的稳定性;功率的增加则提高了车辆的续航里程,减少了用户的充电频率。新旧国标对比如图 3-2 所示。

### 2. 三个注意事项

三个注意事项是指强制性、安全性和过渡性。在"新国标"之前,我国使用的是 1999 年发布实施的"旧国标",只有部分技术条款为强制性,其余均为推荐性。"新国标"则表明全部技术内容为强制性的,也就是说所有的条款必须无条件执行。在"新国标"的所有条款中,安全被放在第一位。"新国标"对整车安全、机械安全、电气安全等要求在原来基础上进行了修改和优化,以期由此降低电动自行车这种国民交通工具的风险系数。其中减重、降速正是其安全性的核心。时速 25 公里的限制是经过测试得出的安全范围，可以缩短刹车距离，给驾驶员足够的反应时间，最大限度避免事故的发生，就算事故无法避免，依然能够减少撞击带来的损伤。根据江苏省政府统计，"新国标"实施一年内，全省电动自行车事故起数、死亡人数同比分别下降 3.3%、11.77%。

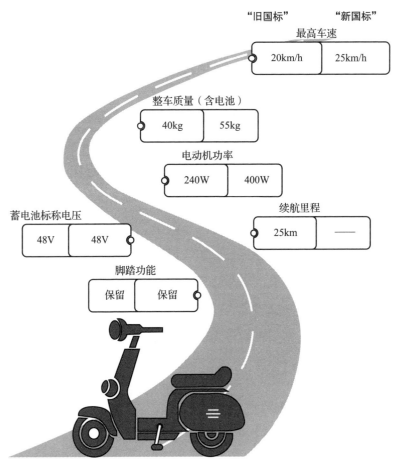

图 3-2　新旧国标对比

2019年4月15日后，凡不符合《电动自行车安全技术规范》的电动自行车均属于超标车。面对全国超标车超过3亿辆的现状，国家没有"一刀切"，而是采取了相应的过渡措施，对于消费者已经购买的不符合"新国标"的电动自行车，由各省、自治区、直辖市政府根据有关法律规定和当地实际情况，制定出妥善的解决办法，通过自然报废、以旧换新、折价回购、发放报废补贴、纳入机动车管理等方式，在几年内逐步化解淘汰。

### 3. 两个优化方案

"新国标"是电动自行车行业的铁律，但在具体实施过程中，出现了部分商家及用户私自篡改时速、后续改装大容量电池等违规现象，很大程度上影响了行驶的安全性，也使得"新国标"落地效果大打折扣。2022年5月13日，为了进一步阻绝电动自行车被擅自篡改时速、电压、功率等情况，中国质量认证中心公布了（CQC—C1116—2021）《强制性产品认证实施细则 电动自行车》（以下简称实施细则）的修订情况，其中对私自篡改时速和装配大容量电池的约束是重点。

（1）对于私自篡改时速，实施细则要求认证委托人应核查生产一致性控制计划和防篡改设计声明关于软件防篡改的内容是否符合实施细则要求，不符合要求的应进行生产一致性计划和防篡改设计声明的变更。也就是说，电动自行车要想获得CCC认证，就要严格把关防篡改设计，这也意味着，电动自行车被篡改时速将成为"过去式"。

（2）对于私自改装大容量电池，实施细则明确要求装配锂电池的电动自行车应有锂电池与充电器和控制器之间的通信握手协议，不符合要求的产品认证委托人应进行生产一致性计划和防篡改设计声明的变更，以此来防止车辆后续被私自改装大容量电池的现象发生。

**4. 五大应对策略**

"新国标"的实施大大提高了电动自行车的安全门槛，在市场行为的规范和约束方面收效也很明显。所有的电动自行车换电企业都应当积极响应"新国标"的规定，并采取相应的措施给予配合，具体有五个方面。

（1）新增采购。对于非国标车过渡期一年内结束的地区，建议提前新增和更换 48V 电池，为"新国标"落地做好准备。

（2）跨域调拨。对于已全面实施"新国标"的地区，如北京等，可在充分了解当地政策落地程度的基础上，将 60V 电池调拨至尚未实施"新国标"的地区。

（3）维修维护。对于要跨域调拨的地区，一方面要进行全面及时的资产盘点，另一方面也要对故障电池进行迅速而有效的维修维护；将跨省调拨作为提升资产管理水平和资产质量的有利机会。

（4）运营效率。在跨域调拨时，调出地区和调入地区都要同步检视现有的电池用户比、用户仓位比、返修及时率、用户渗透率等运营效率指标，对电池调拨的型号、质量、数量等关键维度进行全面、系统的评判。

（5）政策协调。考虑到政策落地实施有一定的时滞性，和政府的沟通与协调将有利于缓解政策落地初期的窘境。

### 3.1.2 汽车换电"新国标"

#### 1.《电动汽车换电安全要求》正式实施

2021年11月1日,《电动汽车换电安全要求》(GB/T 40032—2021)正式实施,这是换电模式的首个基础通用国家标准,可谓是电动汽车换电安全的"新国标"。该标准规定了可进行换电的电动汽车所特有的安全要求、试验方法和检验规则,适用于可进行换电的M1类纯电动汽车,由此限定了潜在进入者的入门门槛,保证了换电业务的安全性,以及换电站的耐久性、可靠性,是电动汽车换电行业的安全技术标准。该标准规定的部分安全要求如表3-1所示。

表3-1 《电动汽车换电安全要求》(部分)

| 序号 | 安全要求 |
| --- | --- |
| 1 | 电动汽车及电池包不应出现无法换电的故障 |
| 2 | 电池包不应出现导致换电失效的变形、开裂等结构损坏 |
| 3 | 换电机构不应出现导致换电失效的松动、变形、开裂、脱落等损坏 |
| 4 | 换电接口不应出现导致换电失效的腐蚀、绝缘失效、连接失效、漏气漏液等故障 |
| 5 | 冷却接口在分离时应自动关闭,连接后自动导通,冷却剂的泄漏量应不超过车辆制造厂的设计值 |
| 6 | 不应出现电池包脱落、连接失效等严重故障 |

#### 2.汽车换电技术标准陆续出台

汽车换电技术标准是产业发展的重要前提和基础,近年来,国家层面、地方政府和相关行业协会为此做了很多有益的尝试和探索。

2022年3月18日，工业和信息化部发布《2022年汽车标准化工作要点》，提出加快构建电动汽车换电标准体系，推进纯电动汽车车载换电系统、换电通用平台、换电电池包等标准制定。

2022年4月23日，江苏省率先通过了《江苏省纯电动重型卡车换电电池包系统技术规范》团体标准的评审，该标准成为全国第一个纯电动重卡换电电池包标准。该标准重点解决了城市级重卡换电应用场景下，电池包尺寸、接口无法互换的推广瓶颈，迈出了地方换电试点商业化的第一步，加速了换电技术标准的统一，对全国都有着良好的示范效应。

2022年7月7日，内蒙古自治区包头市市场监督管理局组织通过《电动中重卡共享换电站建设及换电车辆技术规范》地方标准的审定，进一步推动了重卡换电标准制定的进程。

2022年8月2日，中国汽车工业协会发布《电动中重型卡车共享换电站建设及换电车辆技术规范》团体标准征求意见。该标准涵盖换电系统与装置技术要求、换电电池包通信协议要求、车辆识别系统要求等13个部分。

换电电池的技术标准统一后，不同电池厂商的电池包就可以在不同车辆上互通互换，这将有力助推纯电动重卡换电模式的高质量发展，显著提升汽车换电运营的规模和效益。

两个"新国标"从安全性上对车辆的技术标准和日常运营提出了严格要求，对换电行业的发展将产生广泛而深远的影响。

## 3.2 换电:"国之重器"

2021年和2022年的全国两会讨论的话题受到广泛关注,从教育到就业,从养老到医疗,从房价到菜价,从新能源到碳中和……话题几乎涵盖了老百姓关注的方方面面。电单车换电和汽车换电在两会上则受到了格外关注,各大企业家代表的提案和议案中,都出现了紧密围绕国家"双碳"目标的减碳环保建议,多位重量级代表针对换电业务的发展提出了掷地有声的提案,反映了整个社会对换电业务的呼声。

### 3.2.1 纳入国家"新基建"

恒银金融科技股份有限公司董事长江浩然提交的议案是《关于将电单车换电网络建设纳入国家新基建名单》,主要提到以下四点。

(1)电单车换电赋能智慧城市建设。自2019年4月电单车"新国标"落地实施后,我国电单车领域进入新发展阶段。传统的铅酸电池被新能源锂电池逐步替代,用换电替代充电的解决方案在实践中应运而生。若城市中的电单车换电网点布设合理,通过换电代替充电解决电单车痛点,将有效减少火险隐患、提升用户体验并能够利用大数据赋能智慧城市建设。

(2)国家应给电单车换电行业一个清晰的指导。由于电单车换电业务在体量上无法与汽车行业比肩,尚未引起国家层面重视,行业政策或地方政策几乎处于空白,缺乏产业政策引导,不利于中长期社会资源优化配置。国家应该提前进行部署,给电单车换电行业一个清晰的指导，不能让子弹一直飞。

（3）建议将"电单车换电网络建设"列入"新基建"目录。加大对电单车换电网络布局的支持，引导行业企业加大对应用互联网、大数据、人工智能等技术的创新应用，让"电单车换电网络建设"充分融入智慧城市建设之中。同时，由国家发展改革委牵头将"电单车换电网络建设"作为"两新一重"项目予以推动，并鼓励地方政府积极布局"电单车换电网络"项目。

（4）建议由交通运输部牵头将"电单车换电网络建设"纳入交通运输部发布的《关于推动交通运输领域新型基础设施建设的指导意见》当中。

广西壮族自治区建筑科学研究设计院副院长朱惠英提交了《科学管理共享两轮出行　促进城乡慢行交通体系发展的建议》，她建议将两轮基础设施建设纳入"新基建"范畴。要完善顶层设计，规范、指导行业发展，针对行业企业正在开展的两轮换电能源网络建设、非机动车监管平台、城市基层治理巡查管理系统等具有社会价值的创新应用，应给予肯定，建议考虑将两轮换电能源网络列入"新基建"范畴。

河南省作协副主席廖华歌表示，电单车换电网络是城市交通体系的重要组成部分。电单车已逐渐成为不少人出行的重要交通工具之一，但目前车辆快充电、长续航的需求无法得到满足，用户的"里程焦虑"一直存在；存在电池体积大、质量大，用户拎电池回家充电的体验差等问题。如能铺设一张绿色、安全、便捷的换电网络，其在未来或将成为城市慢行交通体系不可或缺的环节，也关乎基层人民生命财产安全、生活便利甚至就业保障。

吉利控股集团董事长李书福也表示,汽车换电模式可持续发展,需要政府主管部门、行业协会、企业多方合作,共同推进。要加快明确换电站建设、高低压箱变、土地及建设审批的相关规定,将其纳入国家市场管理规范体系。

### 3.2.2 政策优惠和财政补贴

河南省作协副主席廖华歌提交了《关于通过加快换电柜网络建设 解决城市两轮电动车安全问题的建议》,提出相关部门要对换电网络建设实施优惠政策和财政补贴。处于探索期的电单车换电模式已逐步体现出优势,值得管理部门引导发展。相关部门应抓住电单车更新换代的大好时机,积极推广"以换代充"模式;对换电网络建设实施优惠政策和财政补贴,借助"以换代充"的换电模式提升民众置换意愿,由此推动"新国标"落地和居民用电单车的升级换代。推动各地开展城市电单车换电网络建设,保障城市配送领域的电单车从非标车向国标车平稳过渡。

广西壮族自治区建筑科学研究设计院副院长朱惠英建议,交通运输、发展改革、财政税收、农业农村、城市管理等相关部门提供一定的政策优惠,给予一定税收、贷款、财政支持,政企合作加快建设。引导两轮共享出行行业填补公共交通服务空白;建议公安机关加大对破坏共享车辆的违法犯罪行为的打击力度,为共享两轮出行行业走进乡村提供必要的保障。

吉利控股集团董事长李书福也建议,政府开放公共停车场的资源准入与支持，有效合理优化土地资源配置；优化换电项目高压新装（增容）审批流程，落实压缩报装时限要求，放开一址多户，缩短建设周期。

### 3.2.3 行业标准的统一

吉利控股集团董事长李书福提交的议案是《关于加大电动汽车换电体系建设的建议》，主要提到如下三点。

（1）各电池厂商研发方向和进度各不相同，动力电池产品的能量密度、电池结构、尺寸规格等方面无法做到统一，导致换电模式难以形成规模效应。换电电池标准化程度低也制约着多个品牌车型共享换电站，延缓了换电站发展进程。

（2）换电模式的适配问题，需要车企和电池企业共同推进，若无标准的推进，各车企仍将使用不同的换电接口，无法完成适配。

（3）加速推动换电模式标准化、通用化，推动换电接口软硬件协议的标准化，预设2～3种技术先进的接口形式，制定推荐性标准；对换电站的换电机构、形式、兼容性进行规范化约束，使技术先进的换电站获得优先推荐；推进换电电池包的标准化制定，使换电电池包真正能够在不同品牌、不同换电站、不同用户之间互通互换。

恒银金融科技股份有限公司董事长江浩然表示，从2016年开始，国内出现了一批电单车换电服务企业，目前已经形成一定影响力的换电服务企业或者品牌如铁塔能源、易骑换电等。电单车的标准不统一，各家换电服务企业的换电柜也不一样，建议由国家发展改革委牵头会同工业和信息化部、国家能源局及住房和城乡建设部等相关部委共同制定行业发展规划，推动电池实现标准化。

河南省作协副主席廖华歌表示，应从国家角度加快换电柜网络建设，统一相关标准，促进行业发展。电单车换电模式这几年快速发展，河南开封等城市已有相关换电服务企业布局；同时也出现了很多亟待解决的问题，比如充电柜的规格各式各样、电池的大小和接口等互不兼容、各城市对换电柜的发展态度各异等。所以，虽然电单车换电模式这几年得到发展，但是尚未有相关政府部门来支持和推动，缺乏产业政策引导。在换电网络建设过程中，有关部门应制定相关指导意见，统一相关标准，健康有序推动这一行业的发展。

因此，对于正值风口的换电业务来说，需要国家相关部门在发展规划、政策优惠和补贴、行业标准等方面大力支持和引导，通过遍布有序的换电网络助推经济社会结构的转型，让换电业务成为真正的"国之重器"。

## 3.3 电动自行车政策及分区治理

2021年9月20日，北京市通州区一小区住户张某在室内给蓄电池充电，3时许，蓄电池发生爆炸引发火灾，造成5人死亡，经济损失约98 174元。在此之前，张某无视相关管理规定，曾多次在室内直接或以"飞线"的方式给蓄电池充电，事发后张某因失火罪被判处有期徒刑六年。

虽然电池起火概率很小，但在全国电动自行车约 3 亿辆存量的基数下，其数量绝对不容忽视，仅 2021 年我国电动自行车着火事件就发生 1.8 万余起。造成这种事故的原因有很多，除了电池本身的质量问题，最常见的就是屡禁不止的楼道充电和室内充电。

为了整治这种市场乱象，杜绝起火事故的发生，我国中央政府和各地政府纷纷出台了一系列针对电动自行车充电的政策。

### 3.3.1 国家层面的管理规定

#### 1. 关于开展电动自行车消防安全综合治理工作的通知

2018 年 5 月，为有效遏制电动自行车火灾多发势头，国务院安委会办公室印发了《国务院安委会办公室关于开展电动自行车消防安全综合治理工作的通知》安委办〔2018〕13 号，决定在全国范围内组织开展电动自行车消防安全综合治理工作，治理重点主要有如下 4 点。

（1）电动自行车产品质量。不按标准或者降低标准生产电动自行车及蓄电池、充电器等配件。生产假冒伪劣电动自行车及蓄电池、充电器等配件。

（2）电动自行车流通销售。销售无合格证、伪造、冒用认证证书电动自行车及蓄电池、充电器等配件。销售无厂名、厂址等不合格电动自行车及蓄电池、充电器等配件。

（3）电动自行车维修改装。私自改装和拆卸原厂配件，私自拆除限速器等关键性组件。私自更换大功率蓄电池。

（4）电动自行车使用管理。电动自行车停放在建筑首层门厅、楼梯间、共用走道以及地下室、半地下室等室内公共区域，占用、堵塞疏散通道、安全出口。电动自行车蓄电池、充电器老化或破损，充电线路乱拉乱接，充电设施安装不规范。未落实电动自行车停放、充电安全保障措施。

《国务院安委会办公室关于开展电动自行车消防安全综合治理工作的通知》第一次以法规形式，旗帜鲜明地对电动自行车的产品质量、流通销售、维修改装、使用管理中的违规做法进行了明令禁止，为后续相关办法的出台指明了方向。

**2. 高层民用建筑消防安全管理规定**

2021年6月，根据《中华人民共和国消防法》等法律、行政法规和国务院有关规定，为加强高层民用建筑消防安全管理，预防火灾和减少火灾危害，应急管理部发布了《高层民用建筑消防安全管理规定》，该规定于2021年8月1日起生效，其中的第三十七条和第四十七条对电动自行车的存放和充电进行了明确规定。

第三十七条：

禁止在高层民用建筑公共门厅、疏散走道、楼梯间、安全出口停放电动自行车或者为电动自行车充电。

鼓励在高层住宅小区内设置电动自行车集中存放和充电的场所。电动自行车存放、充电场所应当独立设置，并与高层民用建筑保持安全距离；确需设置在高层民用建筑内的，应当与该建筑的其他部分进行防火分隔。

电动自行车存放、充电场所应当配备必要的消防器材，充电设施应当具备充满自动断电功能。

第四十七条：

违反本规定，有下列行为之一的，由消防救援机构责令改正，对经营性单位和个人处 2000 元以上 10 000 元以下罚款，对非经营性单位和个人处 500 元以上 1000 元以下罚款：

（一）在高层民用建筑内进行电焊、气焊等明火作业，未履行动火审批手续、进行公告，或者未落实消防现场监护措施的；

（二）高层民用建筑设置的户外广告牌、外装饰妨碍防烟排烟、逃生和灭火救援，或者改变、破坏建筑立面防火结构的；

（三）未设置外墙外保温材料提示性和警示性标识，或者未及时修复破损、开裂和脱落的外墙外保温系统的；

（四）未按照规定落实消防控制室值班制度，或者安排不具备相应条件的人员值班的；

（五）未按照规定建立专职消防队、志愿消防队等消防组织的；

（六）因维修等需要停用建筑消防设施未进行公告、未制定应急预案或者未落实防范措施的；

（七）在高层民用建筑的公共门厅、疏散走道、楼梯间、安全出口停放电动自行车或者为电动自行车充电，拒不改正的。

《高层民用建筑消防安全管理规定》的颁布和实施，进一步完善了违规充电的法律法规体系，对防范化解充电产生的重大安全风险，最大限度地保护人民群众生命财产安全具有重要意义。该政策的实施既推动了市场监管力度的提升，也推动了电动自行车换电模式的快速发展。

### 3. 加强电动自行车全链条安全监管重点工作任务及分工方案

2022年8月,国务院安委会印发了《加强电动自行车全链条安全监管重点工作任务及分工方案》,从加强生产源头环节安全质量、强化流通销售环节执法查处、规范末端使用环节安全管理、推进拆解回收环节安全管控四个方面提出12项重点工作任务,并明确了部门责任分工。

该方案要求,要加快锂离子蓄电池、充电器等关键核心部件强制性国家标准的制定,指导电动自行车生产企业不断提高规范化水平,强化电动自行车强制性产品认证管理;加强销售环节执法检查,强化销售环节电动自行车非法改装整治,开展流通领域电动自行车质量监督抽查;进一步建立健全电动自行车登记制度,加大路面执法管控力度;推动完善电动自行车充电设施,加强电动自行车违法违规停放和充电行为的查处,督促电动自行车使用较多的外卖等即时配送平台企业落实安全生产主体责任;探索建立电动自行车蓄电池回收利用制度,规范有序开展电动自行车蓄电池梯次利用。

该方案强调,各地区要进一步细化具体落实措施以及相关部门的任务分工,健全长效机制,加快出台电动自行车管理相关地方法规。国务院安委会办公室将推动把有关工作要求纳入省级政府安全生产和消防工作考核巡查,加强日常调度指导和监督检查。

国家层面相关政策法规的出台,对全国电动自行车的充电安全进行了详细规约,既有利于全国电动自行车安全管理,也为各级政府细化本地政策提供了依据和参考。

## 3.3.2 四大一线城市的管理规定

### 1. 北京

北京的外卖量一直高居全国前三，外卖受众数量庞大，由于是一国之都，政策的出台往往"牵一发而动全身"。为此，北京最早出台了过渡期政策，如2018年的《北京市非机动车管理条例》和2021年的《淘汰超标电动自行车回收处置工作方案》，北京以个性化的方式循序渐进，取得阶段性的成果。在此基础上，北京于2022年1月出台了《关于进一步加强本市电动自行车全链条管控的实施方案》。三个政策前后衔接，层层递进，不断细化，走出了一条有首都特色的电动自行车管理与发展之路。

《北京市非机动车管理条例》规定，对超标电动自行车设置的3年过渡期于2021年10月31日结束。届时，所有电动自行车必须全部更换为"白牌"新国标车，超标电动自行车上路将受到处罚。其中还有两条规定直指悬挂临时号牌和车辆改装，并对扣车、罚款等措施提供了依据。第二十七条提到，悬挂临时标识的电动自行车过渡期满后上道路行驶的，及未在规定期限内申领临时标识上道路行驶的，公安机关交通管理部门可以先予扣留电动自行车，对驾驶人处1000元罚款，并通知驾驶人及时接受处理。驾驶人接受处理后，公安机关交通管理部门应当立即发还电动自行车。

第二十八条提到，发现上路行驶的电动自行车存在加装、改装电动机、蓄电池、车篷、车厢、座位等情形的，扣留电动自行车，对驾驶人处500元以上1000元以下罚款；情节严重的，对车辆予以收缴。

《淘汰超标电动自行车回收处置工作方案》指出，要充分发挥市场机制和既有再生资源回收体系的作用，以车辆"以旧换新"为主要渠道、"回收拆解"为补充路径，引导超标电动自行车在过渡期结束前加快、有序退出或置换为合规车辆。流程中的各个环节都非常详细，如图3-3所示。

为落实该方案，北京市自行车电动车行业协会联合各大电动自行车品牌，发起了"以旧换新"活动。北京有821家电动自行车销售门店提供"以旧换新"服务，回收价格一般在300～500元；有92个网点提供废旧电动自行车回收服务；有178家电动自行车销售门店可登记上牌。

《关于进一步加强本市电动自行车全链条管控的实施方案》最大的特点是对换充电设施的三大建设场景和五大建设原则进行了非常清晰的明确。在三大建设场景方面，商务楼宇、外卖快递集散地优先推广换电柜，老旧小区、平房区等公共空间不足地区建设充电柜，车辆停放场所宽敞且有雨棚等设施的居住小区可以建设充电桩，有条件时逐步将既有充电桩升级改造为更具安全性的充电柜或换电柜。在五大建设原则方面，第一是安全化，促进电动自行车使用、停放、充电安全；第二是标准化，加强电动自行车、蓄电池及充电设施标准体系建设；第三是市场化，坚持"政府引导、市场运作、社会参与"的原则，充分发挥市场在资源配置中的积极作用；第四是规模化，形成开放融通、互利共赢的市场环境，促进企业规模化发展；第五是智能化，搭建数据共享、安全监测、互联互通的智能化监管平台，促进电动自行车及充电设施的使用和管理的智能化。

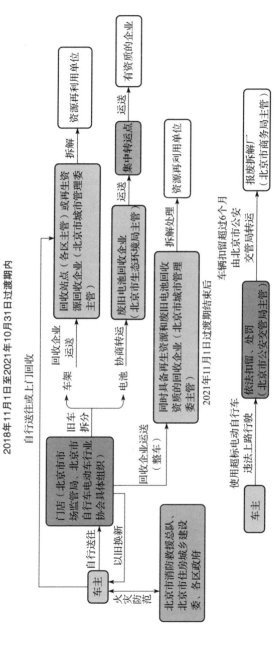

图 3-3 北京淘汰超标电动自行车回收处置流程图

## 2. 上海

相比北京的人性化，上海的管理手段则显得更加精细化。2021年5月1日，《上海市非机动车安全管理条例》正式实施，明令禁止电动自行车在建筑物首层门厅、走道等部位停放和充电，并鼓励推动住宅小区建设非机动车集中停放和充电设施。同时明确规定，"新国标"过渡期于2021年12月31日截止，2022年1月1日起上海市内所有的电动自行车必须符合"新国标"。此外，上海从2021年5月起对快递、外卖车核发专用号牌，号牌内嵌电子芯片，届时相关部门通过RFID（无线射频识别技术）等非现场执法方式便可查处交通违法，可以说是将经济手段与行政手段完美结合，是精细化管理的绝佳实践。

所谓RFID车牌，即为每一辆电动自行车安装唯一的"电子身份证"，证内有持有人、持有车辆、居住地址等相关信息，这种信息化手段已是当今城市交通管理的大势所趋。

## 3. 广州

广州重点从严查严管和优化管理政策两个方面着手，治理电动自行车乱象。

一是坚持严查严管。依托网格化整治机制和考核抓手，层层发动、责任到人，动员全市力量严管电动自行车违法行为；针对重点场所、主干道和营运聚集黑点，严格落实守点和巡逻管控，依法从严管理；加强闯红灯、逆行、占用机动车道、不戴头盔、闯禁行等交通违法整治，有效减少各类交通乱象；严查电动自行车非法改装，针对电动自行车在生产出厂时预留

"改装功能""电池加装位置""一键切换速度设置"的情况，持续开展清查整顿。

二是优化管理政策。通过发布《广州市消防工作"十四五"规划》，明确提出2022年内，广州居民住宅区要全部落实电动自行车集中管理要求及措施。在此基础上，明确规定了"新国标"的实施日期，自2022年10月1日起，广州市民未登记上牌的电动自行车上道路行驶，将被依法处罚。符合登记上牌条件的在用电动自行车应在2022年9月30日前办理登记上牌，过渡期号牌有效期到2023年11月30日。

4. 深圳

深圳作为高科技研发和技术创新的聚集地，更是将电动自行车方面的先进技术应用到了极致。2020年3月，深圳交警正式发行了特殊行业电动自行车使用的蓝底白字的长期有效号牌，备案标识采用一体化设计，内置电子标识芯片，能够实现人车关联。深圳还在主要公共场所、交通路口、住宅楼等进出入口安装RFID智能工作站，当有电动自行车或者电池进入时，RFID智能工作站可立即识别，进行声光报警提示；同时，也可联动摄像头进行抓拍，将车辆信息数据实时传输至管理后台，从而达到对电动自行车有效管控的目的。

值得注意的是，备案必须由企业申请完成，骑手个人无法进行申请，也就是说民生行业企业需自行购买符合"新国标"的电动自行车，申请备案标识并实现人车绑定后，才能将其提供给骑手使用。相应地对骑手则实行12分管理制，非机动车骑行者如果存在交通违法行为，也会像机动车驾驶人一样被记分管理：每季度12分，季度末清零。非机动车走机动车道、逆行等每次记3分，发生暴力抗法、事故逃逸等行为，每次记12分。累计违法记分达到一定数量，交警将督促企业禁止对该骑手派单。一个季度内累计违法记12分，骑手将被纳入黑名单，被禁止入职民生行业；对于一个季度内没有记分记录的骑手，在下一季度可以申请减免1次记4分以下（含4分）的停驶处理（见图3-4）。对于一年内没有记分记录的骑手，年终深圳交警和行业组织进行集中评价集中表彰先进，公开警示违规者。这一举措充分反映了深圳加强对电动自行车实行全面监管的决心，也是电动自行车管理方式的创新。

深圳超标电动自行车过渡期于2022年8月1日截止。

图3-4 深圳骑手12分管理制计分规则

### 3.3.3 其他省市的稳步推进

除了北上广深的特色化治理之外，其他各省市也纷纷响应，陆续出台并实施了一系列过渡政策，在此我们选取10个省市。

### 1. 重庆市：过渡期至 2022 年 10 月 14 日

重庆市对超标电动自行车实施的过渡期为 2019 年 10 月 15 日至 2022 年 10 月 14 日，过渡期截止后将禁止超标车上路。

### 2. 山东省：过渡期至 2022 年 12 月 31 日

山东省是我国电动自行车大省，截至 2021 年 5 月，共有 3377 万余辆电动自行车登记挂牌。为落实"新国标"，加强电动自行车管理，山东省公安厅等 3 部委于 2019 年 11 月发布《关于加强电动自行车交通安全管理的实施意见》（鲁公发〔2019〕423 号）。

该意见明确，向 2019 年 4 月 15 日前购买的违标电动二轮车发放临时号牌，号牌有效期截至 2022 年 12 月 31 日，过渡期满后，超标车不得上路行驶。

### 3. 浙江省：过渡期至 2022 年 12 月 31 日

浙江省对超标车过渡期本来设置的是 3 年，即 2021 年 12 月 31 日停止使用。但在 2020 年 5 月 15 日颁布《浙江省电动自行车管理条例》后调整为备案非标电动自行车自备案之日起使用期满七年的，不得上道路行驶；使用期未满七年的备案非标电动自行车自 2023 年 1 月 1 日起不得上道路行驶。

### 4. 江苏省：过渡期至 2024 年 4 月 14 日

2019 年 1 月，江苏省人民政府办公厅发布《江苏省人民政府办公厅转发省公安厅等部门关于加强电动车道路交通安全管理的意见》（苏政办发〔2019〕8 号）。

根据该意见，自 2019 年 4 月 15 日起，江苏全省严禁销售超标电动车，违者重罚或判刑。对于市场上不符合新国标的存量车，设置 5 年过渡期，过渡期自 2019 年 4 月 15 日起，至 2024 年 4 月 14 日截止，过渡期届满后超标车不得再上道路行驶。

江苏省是我国电动自行车生产和使用大省，2020 年江苏电动自行车保有量达 3800 多万辆。

### 5. 天津市：临牌过渡期至 2024 年 5 月 8 日

结合天津市新冠疫情防控形势和经济发展需要，天津市已将禁止超标电动二轮车上路的时间点从 2022 年 5 月 9 日延期到 2024 年 5 月 8 日。

### 6. 陕西省：过渡期至 2025 年 6 月 30 日

2022 年 6 月 21 日，陕西公安交警电动自行车管理平台发布《关于延长超标电动自行车过渡期的通告》，为了维护广大群众和企业利益，纾解因疫情带来的影响，根据公开调查问卷情况和社会各方意见，相关部门决定延长超标电动自行车过渡期至 2025 年 6 月 30 日。

### 7. 佛山市：黄牌至 2022 年 9 月 30 日，蓝牌至 2022 年 12 月 31 日

截至 2020 年年底，佛山共注册电动自行车 88.87 万辆，其中蓝色、黄色过渡期号牌 16.3 万辆，为了妥善处理超标电动自行车，公安局决定延长电动自行车过渡期号牌使用期限。

佛山市电动自行车蓝色号牌使用期限由 2022 年 1 月 31 日

延长至 2022 年 12 月 31 日，黄色号牌使用期限由 2021 年 1 月 31 日延长至 2022 年 9 月 30 日。

### 8. 郑州市：过渡期至 2023 年 12 月 31 日

郑州全市总计电动自行车挂牌约 360 万辆，超标电动自行车挂黄牌的约 200 万辆。2018 年 6 月 29 日，郑州市召开城区道路交通秩序综合整治新闻发布会。会上，郑州市政府有关负责人表示，对消费者已经购买的超标电动自行车实行过渡期制度，过渡期为 3 年。

2021 年年底，为加强电动自行车管理，结合郑州市实际和群众的需求，"新国标"实施日期由 2021 年 12 月 31 日延长至 2023 年 12 月 31 日。但在过渡期内，对生产日期满五年的黄牌电动自行车先行淘汰。

### 9. 长沙市、株洲市：过渡期至 2024 年 1 月 1 日

长沙市和株洲市规定，2019 年 7 月 1 日起，符合国家标准的电动自行车将收费进行编号登记，不符合国家标准的电动自行车不再发放临时号牌。超标电动自行车号牌（临时通行标志）使用期限：2023 年 12 月 31 日。2024 年 1 月 1 日起，所有超标电动自行车一律不得上路行驶。

### 10. 南宁市：非国标车过渡期延长至 2030 年

2020 年 5 月 25 日，南宁市发布《南宁市电动自行车管理条例》，非国标正式号牌车过渡期延长为 10 年。2021 年数据显示，南宁市电动自行车保有量达 360 万辆，与郑州市相当。

综上，2022年起，全国多地都将逐步结束电动自行车"新国标"过渡期，监管部门将对上路行驶的非国标电动自行车依法予以处罚。

### 3.3.4 政策走向

首先，目前各城市换电电池的选择仍相对稳定，未来大容量电池租赁将逐渐消失。相比换电企业之间的竞争，大容量电池租赁才是换电业务最大的竞争对手，它们引导和培育的是用户不同的使用习惯。

其次，楼道和室内充电一直是换电业务发展的两大障碍，也是影响民众生命安全的巨大隐患，多年来一直屡禁不止，杜绝这一现象的根本在于政府政策的落地，上海的高额罚款不失为一个好的经济策略。禁止楼道充电是"堵"，引导换电是"疏"，堵、疏结合才是解决之道。

最后，从深圳的外卖、快递车辆只能由企业拥有和上牌来看，电动自行车将由原来的个人管理逐渐趋于企业化管理，"车电一体"将成换电风口。高质量的电池、高质量的车以及车与电池的无缝匹配将是换电企业竞争的"金钥匙"。

## 3.4 从汽车换电政策看行业监管导向

作为全世界新能源汽车的第一大国，近年来，我国中央和地方政府相继出台了多项政策，用以支持换电行业的发展。随着新能源浪潮的到来，政策导向一共历经了三次转变，每个时期的侧重点各不相同。从 2011 年之前的"慢充为主、换电为辅",到 2013 年的"换电为主、插电为辅";自 2013 年之后,则切换为了"快充为主、兼顾慢充、换电为辅"的导向。

### 3.4.1 国家层面的政策支持

**1. 规划鼓励类**

2020 年 11 月,国务院办公厅印发《新能源汽车产业发展规划(2021—2035 年)》,要求大力推动充换电网络建设,科学布局充换电基础设施,鼓励开展换电模式应用。

2021 年 2 月,国务院印发《关于加快建立健全绿色低碳循环发展经济体系的指导意见》,要求加强新能源汽车充换电等配套基础设施建设。

2021 年 9 月 22 日,《中共中央 国务院关于完整准确全面贯彻新发展理念做好碳达峰碳中和工作的意见》发布,提出要加快构建便利高效、适度超前的充换电网络体系。

2022 年 1 月 10 日,国家发展改革委、国家能源局等多部门联合印发了《国家发展改革委等部门关于进一步提升电动汽车充电基础设施服务保障能力的实施意见》,要求提升城乡地区充换电保障能力,因地制宜布局换电站;加强充换电技术创新与标准支撑,推动主要应用领域形成统一的换电标准,提升换电模式的安全性、可靠性与经济性;加快换电模式推广应用,围绕矿场、港口、城市转运等场景,支持建设布局专用换电站,探索出租、物流运输等领域的共享换电模式,优化提升共享换电服务。

2022年6月24日,交通运输部等四部门联合发布贯彻落实《中共中央 国务院关于完整准确全面贯彻新发展理念做好碳达峰碳中和工作的意见》,提出加强交通电气化替代,推进高速公路服务区快充网络建设,鼓励开展换电模式应用。

2. 财政补贴类

2020年4月,财政部、工业和信息化部、科技部、国家发展改革委联合发布了《关于完善新能源汽车推广应用财政补贴政策的通知》,两次提到支持鼓励"车电分离""换电"等新型商业模式发展。

2021年2月,商务部办公厅发布了《关于印发商务领域促进汽车消费工作指引和部分地方经验做法的通知》,鼓励有条件的地方出台充(换)电基础设施建设运营补贴政策,支持依托加油站、高速公路服务区、路灯等建设充(换)电基础设施。

3. 应用试点类

2021年10月,工业和信息化部印发《关于启动新能源汽车换电模式应用试点工作的通知》(以下简称《通知》),决定启动新能源汽车换电模式应用试点工作。纳入此次试点范围的城市共有11个,其中综合应用类城市8个(北京、南京、武汉、三亚、重庆、长春、合肥、济南),重卡特色类3个(宜宾、唐山、包头)。

《通知》明确要求"强化政策落实、模式探索、创新支持,加快形成可复制可推广经验",这被业界视为换电行业即将迎来爆发的政策信号。根据试点城市申报方案初步测算,预期推广换电车辆超 10 万辆、换电站超 1000 座,每年节省燃油超 70 万吨、碳减排超 200 万吨。

可见,中央的政策主要聚焦于宏观规划、财政补贴和安全标准要求,并选择代表性城市进行换电试点,以起到示范引领的作用。

2022 年 3 月 18 日,工业和信息化部发布了《2022 年汽车标准化工作要点》,提出了"加快构建完善电动汽车充换电标准体系,推进纯电动汽车车载换电系统、换电通用平台、换电电池包等标准制定",为推动换电行业规模化奠定重要政策基础。

### 3.4.2 地方层面的政策支持

北京市作为首都,且是全国最早探索规模化汽车换电的城市,在政策制定和引导方面,具有极强的借鉴性和参考性。

2022 年 8 月 5 日,北京市城市管理委员会印发《"十四五"时期北京市新能源汽车充换电设施发展规划》,全面系统深入浅出地对"十四五"末的充换电网络进行了规划和布局。该文件深度聚焦充换电设施,其中"换电"一词出现频率高达 110 次。文件内容主要分为以下四个方面。

#### 1. 战略定位

新能源汽车充换电设施是中共中央、国务院加快新型基础设施建设的重要组成部分,是促进新能源汽车产业健康发展和助力实现碳达峰、碳中和的重要保障,也是完善城市基础设施、方便居民出行、促进城市低碳发展的重要举措。

### 2. 发展现状

截至 2020 年年底，北京市拥有 159 座换电站，已形成全球规模最大的城市级换电网络。同时，换电效率大幅提升，出租车换电站实现 1.5 分钟急速换电，单站服务能力达到 600 辆次/日。

### 3. 发展目标

到 2025 年，基本建成与 200 万辆新能源汽车发展相匹配、充换电设施高效有序利用的充换电设施体系，换电站规模达到 310 座，换电平均服务半径小于 5 公里。

### 4. 发展策略

首先，将充换电设施建设纳入市政基础设施专项规划，结合各级各类规划，滚动制定充换电设施布局规划，完善街区充换电网络。统筹全市公交、物流、环卫、邮政、旅游等重点领域专用充电场站资源，推动将充换电设施与场站同步规划建设。

其次，对符合条件的换电站给予运营补助，鼓励充换电一体站建设和车电分离模式发展，引导充电和换电模式协同发展。鼓励换电企业对随车电池和换电站电池进行统一管理，推动主要领域形成统一的换电标准。鼓励电池梯次利用，促进退役电池在电网协同中进行应用。引导各类基金和投资公司参与换电站及车电分离运营项目融资。

此外，从充换电设施的生产销售、规划建设、运营服务、维护管理、报废退出等全环节发力，强化充换电设施运行维护、更新换代、系统升级等工作，实现充换电设施的全生命周期闭环管理。

同时，持续加强对充换电设施产品生产、建设安装的质量监督管理，强化汽车、电池和充换电设施生产企业产品质量安全责任。加强充换电设施设备质量检测、标识评定以及建设工程验收管理。探索将一次充电成功率、设备可用率、计量准确度、标识评定通过率等指标纳入企业考核评价。完善充换电设施保险制度，降低企业运营和用户使用风险。

最后，建立统一监管平台，加强充换电设施不同区域、不同企业、不同平台、不同类别间的互联互通，加强充换电设施与交通运行、电网运行、停车管理等系统的数据共享，提升数智化水平，提高服务效能，支撑政府决策。

从北京市的换电规划可以看出，地方政府主要是将换电设施纳入基础设施规划，监管换电的质量和安全，加强换电设施的全生命周期管理，并通过建立统一的监管平台，实现数据的互联互通，更加注重可落地性。

中央和地方的换电政策互相结合，从宏观调控的层面循序渐进地引导市场，在"双碳"目标的加持下，政策的红利必将给换电行业注入新的生命活力，并推动它的健康可持续快速发展。

CHAPTER 4

# 第 4 章

# 安全是最大的豪华

当今世界正经历百年未有之大变局,世界经济重心在变,世界政治格局在变,全球化进程在变,科技与产业在变,全球治理也在变,国际环境日趋复杂,不稳定性、不确定性明显增加,世界进入动荡变革期,在这种大环境下,未来中国在发展的同时,将会更加注重安全。在"十四五"规划中,"安全"二字一共出现了 180 次。

对于安全,人称"船夫哥"的比亚迪总裁王传福曾说过一句振聋发聩的话:安全才是一辆电动汽车最大的豪华。换电业务的服务人群遍布 B 端、C 端以及 S 端,可以说已经构成了现代城市交通的"微循环",所以换电的安全问题更加至关重要。

目前电动车的安全事故已从传统的交通事故向火灾事故转

移。电动车火灾事故,主要是由电池安全问题和车辆非法改装两个方面造成的。因此本章我们将从火灾事故视角出发,讲述换电的安全问题。

## 4.1 火灾事故探究一:电池热失控

电池的安全问题往往表现为自燃,而锂电池自燃的主要原因就是热失控。热失控是指由各种诱因引发电芯在短时间内散发出大量热量和可燃气体的链式反应现象,严重时会引起电池起火,甚至爆炸。导致热失控发生的原因有很多,比如过温、过充、短路、挤压、碰撞等。

### 4.1.1 热失控机理[一]

**1. 热失控关键节点**

锂电池的热失控过程可以分为自发热阶段(温升速率 $\geq$ 0.02℃/min)和热失控阶段(温升速率 $\geq$ 1℃/min,或称自加热状态),在这过程中还存在电池泄压阀打开的外部变化,如图 4-1 所示。

电池热失控过程中存在四个关键温度节点:自发热起始温度点 $T_0$、热失控(自加热)起始温度点 $T_1$、泄压阀打开温度点 $T_2$、热失控最高温度点 $T_{max}$,如图 4-2 所示。

---

[一] 资料来源:刘洋,陶风波,孙磊,等. 磷酸铁锂储能电池热失控及其内部演变机制研究[J]. 高电压技术,2021,47(4):1333-1343.

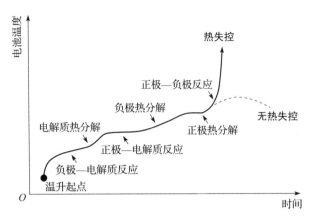

图 4-1　锂电池典型热失控过程示意图

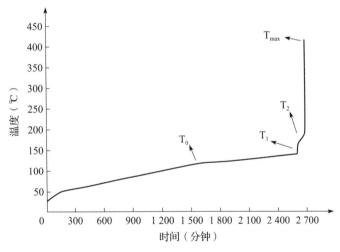

图 4-2　定点冷却热失控实验曲线

## 2. 关键节点温度特征

铁锂电池的自发热起始温度范围 $T_0$ 是 116～126℃；发生热失控的起始温度范围 $T_1$ 是 138～147℃；泄压阀打开的起始温度范围 $T_2$ 是 177～182℃；热失控最高温度点 $T_{max}$ 不低于 416℃，

特征参数如表 4-1 所示。

表 4-1 四种定点冷却条件下电池热失控特征参数

| 样品编号 | 1-1 | 1-2 | 1-3 | 1-4 |
| --- | --- | --- | --- | --- |
| 控制状态 | 自发热起始温度点 $T_0$ | 热失控（自加热）起始温度点 $T_1$ | 泄压阀打开温度点 $T_2$ | 热失控最高温度点 $T_{max}$ |
| $T_0$ 温度（℃） | 116.570 | 126.498 | 116.501 | 116.579 |
| $T_1$ 温度（℃） | — | 138.664 | 147.608 | 146.402 |
| $T_2$ 温度（℃） | — | — | 177.471 | 182.48 |
| $T_{max}$ 温度（℃） | — | — | — | 416.942 |

### 3. 关键节点物理特征

随着电池热失控的发展，电池的重量逐渐降低，内阻逐渐增加，中心厚度明显增长，开路电压逐渐降低，且在达到热失控温度点后电池电压急剧降低至 0V。这主要是因为在电池开始发生热失控时，电池内部的隔膜大量闭孔且开始收缩，导致正负极发生内短路，电池电能瞬间释放，电压急剧下降至 0V（见表 4-2）。

表 4-2 四种冷却条件下磷酸铁锂电池参数

| 样品编号 | 1-1 | 1-2 | 1-3 | 1-4 |
| --- | --- | --- | --- | --- |
| 控制状态 | 自发热起始温度点 $T_0$ | 热失控（自加热）起始温度点 $T_1$ | 泄压阀打开温度点 $T_2$ | 热失控最高温度点 $T_{max}$ |
| 重量（g） | 551 | 550.3 | 493.4 | 450.9 |
| 电压（V） | 3.319 | 0.216 | 0.00065 | — |
| 内阻（mΩ） | 0.986 | 40.0 | — | — |
| 电池中心厚度（mm） | 30.79 | 36.35 | 48.05 | 46.05 |

### 4. 关键节点热失控机理

（1）当温度达到自发热起始温度 $T_0$（自发热速率 $0.02℃/min$）时，电池内部的 SEI 膜、电解液开始分解，有轻微的产气现象；正极、负极、隔膜外观未发生明显变化，但极片会出现褶皱，此时电池处于热失控临界状态。

（2）当温度达到热失控起始温度 $T_1$（自加热速率 $1℃/min$）时，电池的副反应加剧，正极表面膜明显增厚，隔膜完全闭孔；此时不可逆产热已造成内部材料变化，由于隔膜收缩导致的内部短路范围不断扩大，温度快速升高。

（3）当温度达到安全阀开启温度 $T_2$ 时，由于电池的反应速率快速上升，气压增大导致泄压阀打开，负极的铜箔裸露，内短路急剧发生，含 LiF 和可燃有机物的气体喷射而出；此时正极表面碳化程度不断上升，呈现出明显热失控现象。

（4）当温度达到 $T_{max}$ 时，隔膜已完全被破坏，正极、负极粉末出现大面积脱落，内部材料最终以石墨、磷酸铁锂、石墨化的 C-C、$Li_2CO_3$、LiP、$Al_2O_3$ 等形态稳定存在。

## 4.1.2　热失控三大类型

热失控分为三种：机械失控、电化学失控及温度失控。

### 1. 机械失控

机械失控即在外力作用下，锂电池单体或电池组发生变形，自身不同部位发生相对位移，从而导致电池隔膜被刺穿，正负极直接联通造成内部短路，放出巨大的热量。机械失控的原因主要有三种，即电池因外力发生碰撞、挤压和穿刺。

机械失控中最为严重的是穿刺，即导体插入电芯本体，造成短路，这一过程热量的生成更加快速、剧烈，引发热失控的概率更高。

碰撞和挤压在引发电芯内部短路上比穿刺所导致的概率要小，但碰撞和挤压可能导致电芯外部短路。当存在压差的两个导体在电芯外部连通时，会引发外部短路。外部短路产生的过大短路电流会在电芯上产生大量热量，继而触发电芯热失控。

前几年使用三星 SDI 锂电池的 note7，就是因为留给电芯的空间太小，外部负极板遭到挤压变形出现短路，最终使得 note7 发生了多起自燃事故。

具体到换电业务，最典型的例子就是骑手在换电时，由于不小心将电池跌落在水泥、石板等硬度较高的地面上，这在一定概率上将导致电池包被过度挤压，发生电芯内部短路，从而引发冒烟或起火。

2. 电化学失控

电化学失控的主要原因分为四种：电芯质量存在问题、快速充电、过度充电、过度放电。

（1）电芯质量存在问题。在 SDI 锂电池出现问题后，三星 note7 的产能都转移到了 ATL 电池上，急速地提升产能，导致电芯的质量下降，电芯内部负极铜板上粘附的碎屑和毛刺含量超标，在电芯充放电过程中，大量铜金属的碎屑和毛刺混进电解液中，极易戳穿隔膜，造成电芯内部短路。

根据三星 note7 公布的事故原因，第一批召回的电池（SDI 锂电池）主要是因为负极受到挤压，第二批召回的电池（ATL）是由于铜箔融化。此外，还有一部分电池绝缘防护不良。

同样的事故也发生在 LG 能源身上。2021 年 4 月 6 日下午，韩国一光伏电站的储能系统再次起火，原因直指其储能电芯的质量问题。

（2）快速充电。超过电芯承受能力的快速充电电流会使锂离子在负极的表面形成像树枝一样的锂枝晶，这些锂枝晶像针尖一样又细又硬，生长到一定程度就会刺破隔膜，诱发电芯内部短路。

此外，根据物理公式 $P=UI$ 及 $Q=UIt$，大功率快充会使电池温度明显升高，导致电池正负极的材料活性溶解加剧，加速电池容量的衰减，从而减少锂电池的循环寿命。

目前，市场上轻型车换电电池的电压等级主要为 48V 和 60V，其电池组循环寿命大多为 1200 次。所以，在换电电池的快速充电上要采取谨慎的态度，因为换电电池的使用寿命直接决定着换电业务的投资回收周期和盈利与否。

（3）过度充电。当电池满电后继续充电，由于负极余量不够，负极表面会析出一层锂金属，简称"析锂"。如果析出的锂继续增长，会生成锂枝晶，锂枝晶会刺穿隔膜造成电芯内部短路，引发热失控。

（4）过度放电。锂电池放完内部储存的电量，电压降低到一定值后，继续放电就会造成过度放电。

电池组内电芯之间的电压不一致是不可避免的，在放电过程中，内阻最大、电压最低的电芯电量首先耗尽，继续放电会导致该电芯过度放电，因其内阻较大，该电芯会异常发热。在过度放电期间，电池组中内阻最大、电压最低的电芯将被串联的其他电芯强制放电，严重时可能造成极性反转，同时，负极的锂电势会升高到高于铜的溶解电位，造成铜集流体的溶解。溶解的铜离子会在正极表面析出，并形成铜枝晶。随着铜枝晶不断生长，可能穿透隔膜，导致电芯内部短路。

3. 温度失控

当锂电池使用不当时，电芯内部温度升高，正极材料发生活性物质分解和电解液氧化，这两种反应能够产生大量的热量，同时电解液的分解物还会与正负极发生反应，多重反应导致电芯隔膜被融化分解，进而造成大面积极间短路，引发电芯内部热失控。

每年天气较热的时候，尤其是立夏以后，锂电池在高温下充放电，如果换电仓本身散热不善，很容易导致电池发生热失控起火，电池爆燃非常危险，严重时甚至会威胁生命。电动车火灾时有发生，火灾起数、造成的人员伤亡和财产损失逐年上升。从全国各地调查统计的电动车火灾看，充电时发生火灾的占 80% 以上。

因此，锂电池的安全问题还存在不少隐患，频发的安全事故极大影响了客户群体的用车体验，更阻碍了换电市场的发展。加快技术革新、改良产品业态已是刻不容缓。

### 4.1.3 热失控两大原因

锂电池发生冒烟、起火甚至爆炸等热失控事故，本质上是其有机材料体系造成的。其热失控原因可以分为内部因素和外部因素两大类。

1. 内部因素

内部因素包括电芯内部短路、电芯一致性差等，是由电芯本身的材料品质或生产工艺不合格等原因引起的。

（1）电芯内部短路。电芯内部短路是指电芯内的正负极短路。造成电芯内部短路的原因如在生产过程中，电芯内部混入了金属杂质；在电极金属剪切时造成了毛刺；使用过程中，电芯内部析锂，形成了锂枝晶；受到撞击挤压等。电芯内部短路时会产生大量热量，从而引发电池热失控。

比如，某换电站的电池在充电过程中冒烟发生爆燃，经维修人员检查发现，爆燃的原因是电池在柜内充电的过程中，其中一节电芯单体电压突降，电芯内部短路发热，从而引发电解液喷出造成电池热失控。

（2）电芯一致性差。电池组在由多节电芯混联时，电池组内的某一电芯或者并联模块，会因为电芯之间的内阻、开路电压、容量的一致性偏差，出现过压充电、欠压放电。过压充电会产生大量热量，引起电解液分解，进而引发热失控；欠压放电时正极会析铜形成铜枝晶，造成内部短路，从而引发热失控。

2. 外部因素

外部因素是指在使用过程中电池经受某些特殊的使用方法，

如过充、挤压等也会引发电池热失控。

（1）外部电路异常。BMS、充电电源等外部电路异常。比如骑手涉水骑行，电池在回收运输途中出现冒烟现象，这是因为电池长时间在水里浸泡，电池包进水，造成内部 BMS 短路引发电池冒烟。当仓库环境简陋，交流电源布线不规范，线路老化短路时，仓库里的电池容易因外部明火而出现爆燃。

（2）充电管理不规范。当充放电管理不完善或电路有故障时，会造成电池过压充电、过度充电、外部短路等。这种情况下会产生大量热量，引起电池的电解液分解，进而引发热失控。

比如，使用非标准充电器充电会导致电池过压充电，车辆线路老化等原因会造成电池输出端短路，线路和电芯发热也会导致热失控。

（3）震动与外部撞击。电池包的结构设计及布线不合理，在长期受震动的影响下，会引发电芯错位、连接线扭曲撕裂、采样线短路等风险，电芯外短路则会引发热失控。

电池因使用不善，意外与外部尖锐物体发生碰撞伤及电芯时，会导致电芯发生内部短路，进而引发电芯热失控。

比如，在换电过程中因跌落碰撞导致电芯极片受损变形，电池发生冒烟爆燃现象。这是因为变形极片处出现析锂，形成了局部微短路，电池内热量逐步积累从而导致隔膜收缩，引发电芯内部剧烈短路，最终导致电池组冒烟起火。

（4）维护不及时。电池长期在高低温环境下使用、储存，会破坏和劣化 SEI 膜，引起负极性能降低，进而影响正常充电时负极表面的均匀性，造成锂枝晶的产生，进而引发电池热失控。

电池放入换电柜后，如因插头接触不良等原因造成通信中断，将无法及时充电。由于电池自放电导致其电压持续降低，如不及时回收维修，电池过度放电则会给电池造成不可逆的损害。

这种过度放电极易引起电池负极铜箔溶解，由于溶解的铜元素在充电的过程中，还会在负极表面析出，这时产生的金属铜枝晶会刺穿隔膜，导致电池短路继而引发热失控。

比如，某换电电池在充电过程中冒烟发生爆燃，经检查发现，故障原因是触发"单体电池压差过大"等告警后，维护人员不但未及时将故障电池回收维修，反而将故障电池取出后重新充电，但电池在长时间静置中形成深度自放电，电芯已发生严重析锂，再次充电则导致电芯热失控，从而冒烟发生爆燃。

## 4.2 火灾事故探究二：电动自行车改装

电动自行车的火灾事故，除了可能因为车辆本身配备的电池和充电器等不合格外，非法改装也是起火爆炸的原因之一。

有这样一则案例，广东省佛山市禅城区龙津路上，一名男子在骑电动自行车过程中，突然感觉车座发烫，还伴随着一股浓烈的烧焦气味，等他查看时，才发现原来是自己骑行的电动自行车起火了。

相关人员到达现场后，根据燃烧过后的车架和减震部件，看出车子有明显被改装过的痕迹。车主也承认私自对车子的电机控制器、减震器和轮胎等部件进行了改装，改装后车子的最高速度由原先设定的每小时 25 公里，提升到每小时 40 公里。

正是因为车主为追求行驶速度，对电动自行车进行改装，增大了输出功率，造成车辆原有线束超负荷运行，线路过热引发短路，导致车辆自燃。同时，电机控制器的输出功率增大也会导致电池超负荷过流输出，不仅影响电池使用寿命，而且造成电池过度发热发烫，极易导致电池热失控。

### 4.2.1　改装现状

从应急管理部消防救援局公布的数据来看，2021 年我国发生的电动自行车火灾事故达 1.8 万余起。

从火灾场所看，居民住宅、自建房和沿街门店都是电动自行车火灾高发场所。从起火原因看，电气故障和自燃是造成电动自行车火灾的主要原因，分别占电动自行车火灾总数的 62.1% 和 23.5%；过充电、电池单体故障、电气线路短路是导致电动自行车电气火灾的根本原因。这些事故往往与电动自行车非法改装紧密相关。

正规厂家生产的电动自行车及电池均符合相关安全标准，一般情况下不会发生爆燃，很大一部分电动自行车发生爆燃是由非法改装造成的。因为在改装过程中容易破坏整车电气线路的安全性能，从而引发车辆电气线路过载、短路等故障，以至于发生爆燃的概率也相对增大。

因此，为了减少电动自行车发生火灾事故，要做到避免对其进行非法改装；要定期检查电动自行车电池的质量问题；确保电池没有过有效期，若电池在有效期内出现质量问题要及时进行更换，并且尽量更换同款电池产品，避免因电池不适配而引发事故。

### 4.2.2 改装的三种形式

《电动自行车安全技术规范》对电动自行车做了四个重要限制：最高车速不超过 25km/h，标称电压不超过 48V，电机额定功率不超过 400W，车体宽度不超过 0.45m。相关的改装也主要围绕这四个指标来进行，改装的对象主要是电机控制器、电池和车架。

1. 改装电机控制器，增加输出功率，提高行驶速度

提高车速主要是通过改装电机控制器进而提高电机功率来实现的。

（1）改装电机控制器的两种方式。

第一种，直接替换电机控制器。"新国标"的车辆配有蜂鸣报警器，一旦骑行速度超过 15km/h，车辆将会发出警示音，骑行速度达到 25km/h 后，速度将不可继续提升。替换电机控制器就是将电动自行车原有的控制器拆除并安装新的控制器，解除蜂鸣报警，提高电动自行车的最高时速。此时，车速将不再受限于 25km/h，最高车速可达 60km/h、80km/h，甚至 100km/h，给交通带来极大安全隐患。

此外，改装大功率的电机控制器，很难保证其与原厂电动自行车相关设计标准匹配；如果改装后的电机控制器与原车不匹配，电动自行车功率加大，那么在骑行过程中可能会造成电

池连接线和控制器连接线过热短路，从而导致起火，这在无形中给电动自行车的线路安全埋下了隐患。

第二种，将车辆自带的宽幅电机控制器"解速"，让车速从25km/h提高到35km/h，甚至更高。在此种情景下，电机控制器是可以调节的，也就是市场上所谓的"刷机"，通过这种方式来提高车辆的行驶速度，也可以让车辆突破25km/h的限制。

（2）改装电机控制器提高车速的危害。

电动自行车违规的提速，增加了交通事故的发生概率，给道路交通带来极大安全隐患。对于正规厂家生产的电动自行车，车架等配件在出厂时就已经按照正常承载能力来设定，制动系统也是经过严格检测的。如果电动自行车经过改装加装配件，就意味车辆的时速、功率等发生了变化。

加装改装的部件没有经过安全检测及匹配性考虑，质量和安全很难得到保证。在承载能力上，如果私自改装车架、轮胎、线路及其他零部件，车身可能会因为负荷过大而出现刹车失灵、线路短路等现象，让电动自行车变成标准的"马路杀手"。

（3）典型案例分析。

2021年8月的一天，在上海中环浦东段，一男子驾驶电动自行车时速达到81公里，速度甚至超过了旁边行驶的机动车。

民警通过图像比对，最终确定该电动自行车驾驶人为唐某，同时还发现该车为一辆彻彻底底的"改装车"。这辆车的把手上装有爬坡、经济、超车、倒车模式按钮，加速幅度也可以进行调节。车主为了提高速度，不仅改装了2000W的大功率电机（"新国标"规定不能超过400W），还加装了大容量锂电池，以及给大功率电机散热的水冷装置。

经鉴定，该车蓄电池电压、车身重量、轮胎尺寸等多项技术指标均达到机动车及摩托车标准。因唐某未依法取得机动车驾驶证，8月10日晚，浦东警方依法对其罚款1500元，并处行政拘留15日。

上述案例中，车主将车辆电机控制器的功率改装为2000W，远远超过"新国标"规定的400W，从而将车速从"新国标"要求的25km/h提高到了81km/h，如果不是民警及时发现，这辆电动自行车或许会在未来某一天引发安全事故。

**2. 改装电池，增加续航里程**

（1）改装电池导致自燃。

"新国标"规定，电池的电压不能超过48V，在实际场景中，一些车主为了延长续航时间和提高速度，将电池电压从48V加装到84V不等，虽然这样的改装确实可以提速，甚至充一次电能够跑到200多公里，但这种电池改装极易造成车辆自燃或爆炸。

1）违规改装的电池质量不过关。线下门店改装电池一般是为了满足用户贪图便宜的心理，但这种方式改装的电池往往由残次、废旧电芯拼装而成，极易引发火灾。同时，这些质量较差的电池往往缺少必要的BMS保护。BMS的功能主要是防止电芯过充、过放、过流或者短路，防止电池异常导致高温甚至燃烧，如果没有BMS或者BMS质量不过关，一组电池中只要有一个电芯出问题就会导致整组异常甚至短路，非常容易造成过度充放电，进而引发火灾。

2）改装电池时容易破坏线路，增加起火概率。擅自改装锂电池的电压和容量，很容易破坏整车电气线路的安全性能，进而引发电气线路过载、短路等故障，增加起火的概率。同时，线缆连接不规范会造成接点腐蚀、接触电阻过大，导致线路过热，引发车辆线路火灾。

3）电池改装后，原装充电器无法使用，需要改用非标充电器进行充电，由于非标充电器缺少完善的充电保护功能，极易导致电池过度充电，继而引发安全事故。

（2）典型案例分析。

2020年8月8日清晨，南京市鼓楼区金陵村小区一栋居民楼里，发生了一起电动自行车引发的火灾，造成楼上三名住户不幸遇难。

现场勘验发现，这起火灾的源头系卢某停放的电动自行车踏板处，而这里是该电动自行车电池的存放位置。这辆电动自行车的电池为圆柱状的锂电池，电池仓整体为金属外壳，内部有两个电池包，其中前侧电池包整体较为完好，后侧电池包金属盖过火严重，且已与电池包分离。

根据火灾物证鉴定中心出具的视频分析意见，在起火前，电动自行车已出现灰白色浓烟喷涌，随后开始出现电气故障弧光放电及爆闪现象，最后发展成猛烈燃烧，符合锂电池失控起火的特征。

这辆电动自行车的原主人为刘某，电池仓原先只能装一块电池，经刘某改装后装进了两块电池，随之产生的问题是在电池仓改装后，脚踏板无法安装。为此，刘某将脚踏板改装，还改装了控制器等。改装完后，刘某将此电动自行车卖与卢某。法院查明，对于电动自行车的改装情况，卢某显然是知情的，最终被以失火罪判刑 3 年半。

上述案例中，刘某为了延长电动自行车的续航时间，将原本只能放置一块电池的电池仓，改造成能放进两块的电池仓。电动自行车踏板处的电池仓被改造后失去密闭、固定功能，从而在电池发生故障起火后，火苗引燃周围的电动自行车，最终导致事故发生，造成三人遇难。

3. 改装车架，增加载重量

"新国标"规定，电动自行车整车高度不得超过1100mm，车体宽度不得超过450mm，鞍座长度不得超过350mm。而在实际场景中，门店为了满足外卖和快递员的配重需求，往往会对电动自行车的体积进行改装。比如通过加装额外支架增加车辆的承载空间，这使得电动自行车的体积超出了国家规定。

### 4.2.3 改装的应对方案

1. 国家加强管控

（1）"新国标"优化。2022 年 5 月 13 日，中国质量认证中心公布了《强制性认证产品认证实施细则　电动自行车》（CQC—C1116—2021）的修订情况，其中对私自篡改时速和装配大容量电池的约束是重点。

对于私自篡改时速，实施细则要求电动自行车要想获得

CCC认证，就要严格把关防篡改设计。

对于私自改装大容量电池，实施细则明确要求装配锂电池的电动自行车应有锂电池与充电器和控制器之间的通信握手协议，不符合要求的产品认证委托人应进行生产一致性计划和防篡改设计声明的变更。

（2）加强上牌后的车辆管理。可以通过加强对上牌后的电动自行车的监控力度和建立处理淘汰非标准改装车的流程机制两方面进行治理。

一方面，通过技术手段加大对上牌后车辆的监控力度。比如深圳采用RFID车牌，实现人车关联和监管。另一方面，建立对非标准改装车的处理流程和机制。北京发布的《北京市非机动车管理条例》和《淘汰超标电动自行车回收处置工作方案》都对处罚电动自行车非法改装提供了很好的参考价值。

2. 用户提高认知

在有国家的强制性标准的情况下，仍发生了一系列私自改装导致的着火爆炸事件，这是由于部分用户对政策认知的不清晰造成的。非法改装车辆不但会引发事故，危害生命，责任人还将受到法律的惩罚。

为此，中消协联合国家轻型电动车及电池产品质检中心向消费者发出消费警示：改装车辆是引发事故的关键行为；电池和充电器是造成事故的重要源头；消费者务必到正规的经营者处购买，使用原装充电器适度充电；切勿非法改装电动自行车（见图4-3）。

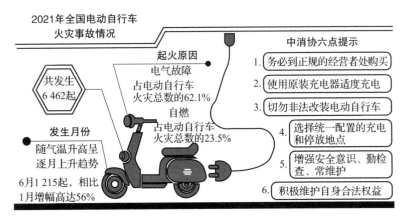

图 4-3　中消协发布六大消费警示

电动自行车车主作为车辆的所有人，要严格遵守"新国标"，知晓风险，停止改装，利人利己。

### 3. 企业做好落实

（1）外卖、快递企业适度提高从业人员收益。外卖、快递人员改装车辆的主要目的是追求更多的收入，尤其是在"新国标"下，车辆的行驶速度受到限制，如果每单的收益没有提高，他们的收入是在变相下降的。于是，改装车辆变成了外卖、快递人员稳定或提高收入的途径。同时，一些外卖和快递企业为了逐利，不断缩短配送时间，增加配送量和配送距离，催生了地下改装产业链的形成。

2021年7月，《关于做好快递员群体合法权益保障工作的意见》《关于落实网络餐饮平台责任　切实维护外卖送餐员权益的指导意见》发布，针对快递、外卖两大垂直行业的从业人员，给出了相对明确的权益保障指导意见细则。

外卖、快递人员的权益保障已引起国家层面的高度重视，相应地，外卖、快递行业应提高每单派送的收入金额和相关的社保等权益保障，以从根本上减少车辆改装的发生。

（2）外卖、快递企业和客户适度降低对配送时限的要求。外卖和快递企业为取得竞争优势，以及客户为尽快收到货品，都对配送时限做了较高要求，导致从业人员对电动自行车的车速也有了一定要求。在"新国标"电动自行车速度不超过每小时 25 公里的规定下，部分从业人员通过改装提高车速，以满足企业和客户的期待。但从实际情况来看，外卖的半小时和 40 分钟时限并没有太大区别。如果可以在合理范围内延长配送时限，优化配送路线，那么骑手提升车速的压力就会大幅下降，改装的事件也会逐步减少。

（3）建议外卖、快递人员使用"车电一体"。即外卖、快递人员通过租用运营商的电池和车架，来满足自身的配送需求。"车电一体"运营是目前换电市场的通用模式，为骑手提供全方位的服务，提高了用户的黏性，也促进了换电业务的发展。比如铁塔换电联合新日、台铃等头部企业，定制了配送专用车辆，为外卖、快递人员提供质量过硬、骑行体验好的车电一体化服务。用户使用铁塔换电 App，在骑手商城可实现一键下单，由合作门店提供车辆领用和售后维修服务，真正实现无忧配送。

在"车电一体"的租赁模式下，当车辆没有电时，骑手只需到就近的换电站更换，无须改装大容量电池即可实现"无限续航"；同时，在这种模式下，车辆实时处于换电运营商的监控中，改装不再可行。

## 4.3 充换电的安全举措

上文已经详细介绍了电动自行车电池热失控及非法改装造成的安全事故，由此更是印证了"安全才是最大的豪华"这一理念。本节将结合前文，提出一些具有可行性的防护措施与解决方案。

### 4.3.1 安全充电的四个解决方案

为从根本上减少或杜绝火灾事故，既要提升产品质量，加强安全充电管控，又要"疏堵"结合，从源头上规范老百姓的充电行为，还要通过政策、经济等手段引导充电设置运营商建设集中的充电设施，为其提供安全、便捷的充电场所，解决老百姓的充电需求。

**1. 选用高质量且加装正规 BMS 的磷酸铁锂电池**

从安全性上看，磷酸铁锂电池要高于三元锂和锰酸锂电池。之前，大牌的锂电池厂家主要集中出货汽车动力电池，电动自行车所用电池主要由一些小品牌厂家生产。在电池市场格局基本形成后，一些大品牌的锂电池厂家已逐渐涉足电动自行车电池的生产领域，比较有代表性的有宁德时代、比亚迪、亿纬锂能、孚能科技、赣锋锂电等。

2021 年 4 月 28 日，宁德时代与 ATL 签署合作协议，拟共同出资 140 亿元成立合资公司，从事应用于家用储能、两轮电动车等领域的中型电池的研发、生产、销售和售后服务。

2020年10月29日，比亚迪旗下电池公司弗迪电池有限公司在深圳举办了首批青桔电动自行车电池下线仪式，这也标志着比亚迪正式进入了电动自行车市场。

2022年6月29日，在轻型电动车用锂电池技术及应用国际峰会上，亿纬锂能郑为工表示，圆柱电池是轻型电动车的优选解决方案。亿纬锂能针对共享电单车市场开发的磷酸铁锂大圆柱电池系列，采用全极耳结构，可以大幅度降低电池内阻，有效地减少电池在大电流使用下发热以及对寿命的影响。

上述锂电池巨头的强势入局将极大提升我国电动自行车行业的技术水平。

目前电动自行车的BMS从上往下可分为三个层级：第一级是电动自行车换电的BMS，这个要求最高，既要对电池进行保护，还要进行电池的运营管理，以及实时定位和数据传输；第二级是共享电单车的BMS，这个要求比换电稍低，且大多数不用定位和通信模块，因为共享电单车往往在车上配有定位和传输数据的中控；第三级是目前市场上普遍应用的保护板（BMS的简化版），厂家众多且杂乱，急需质量和功能的提升。要提升BMS保护和政府管理水平，家用电动自行车市场应采用第二级作为过渡，而第一级则是必由之路。

**2. 杜绝电动自行车非法改装**

电动自行车非法改装的目的是提高行驶速度和延长行驶距离，但这是以整个社会的安全为代价的。

为了杜绝电动自行车非法改装，一些城市已出台相应的管理办法，比如武汉出台了一系列规定，对拆除限速、增大电池容量等非法改装电动自行车的行为从严从重处罚，并将违法行为追查到销售门店和维修店。

### 3. 通过科技和经济手段严禁室内充电

天津、北京、贵阳等城市已经在一些条件成熟的社区加装了电动自行车楼宇阻入系统，系统会第一时间识别进入电梯的电动自行车并发出报警提示。例如天津铁塔的"智慧梯控系统"，当居民电动自行车进电梯时，电梯内加装的摄像机会进行声光报警并控制电梯门不关闭，将隐患拒之门外。

上海也在2021年5月1日发布的《上海市非机动车安全管理条例》，开始通过经济制裁来限制楼道充电。该条例规定：禁止电动自行车在建筑物首层门厅、共用走廊、楼梯间、楼道等共用部位，以及疏散通道、安全出口、消防车通道及其两侧影响通行的区域、人员密集场所的室内区域停放、充电。违规停放、充电的，处1000元以上10 000元以下罚款，情节严重的，处10 000元以上50 000元以下罚款。

### 4. 通过国家政策来引导建设充电的基础设施

2020年北京市海淀区发布的《海淀区电动自行车集中充电设施建设实施方案》中明文规定，2020年全区建设10 343套电动自行车集中充电设施，力争实现全区所有小区居民的全覆盖，基本满足老百姓的充电需求。同时对新增和已建充电设施进行财政补贴，并按居民用电基础电价收取电费。一些企业也已响应政府号召开始建设充电基础设施，如铁塔充电在全国范围内的部署端口已超过 100 万端口。在未来，政府或相关企业还应建立全国性的电动自行车管理平台，电动自行车厂家应及时上传电池相关的安全告警数据，将安全事故防患于未然。

最后，想要政策落地，还需要辅以知识性和趣味性的宣传，让电动自行车的安全思考深入人心。例如抖音号"充电小姐姐"，通过视频的方式，深入浅出地讲述电动自行车保养、充电和使用的相关小知识和注意事项，让电动自行车充电更健康，出行更安全。

目前，我国电动自行车存量为 3 亿辆，而且每年还在以 3500 万辆的速度增长。电动自行车安全是社会工程，也是民生大计，需要各地政府、产业链上下端和所有用户共同努力，创造电动自行车运行的安全环境，构建绿色生态的现代化中国。

### 4.3.2 安全换电的四道防护

#### 1. 电芯的质量保证

目前，电芯的一致性是我国和日韩的主要差距。影响锂电池一致性的因素主要包括容量、阻抗、电气特性、电气连接、温度特性、衰变速度等，这些因素直接影响着电池的寿命和充放电的性能。首先，电池参数的一致性是影响电池组使用寿命的关键因素。其次，容量不同的电芯，放电时总会一个电芯先放完电而其他电芯仍然电压较高；充电时总会一个电芯先充满电而其他电芯仍然电压较低。这些都会直接影响电池组的寿命。

自从三星 note7 发生爆炸后，其使用的锂电池基本都从锂离子电池转向了锂离子聚合物电池，之前锂离子电池中易燃的液态电解液被换成了凝胶状的电解液，更换之后即便是电池被戳破，最多就是鼓包，不会发生爆燃。而目前正在发展的固态电池，更是将电解液由液态变为固态，给锂电池带来更高的安全性和效率的提升。锂电池怕被戳、被挤、被浸泡，那么就要提高换电电池的外壳质量，增强其外壳的"摔一摔、泡一泡、烧一烧"的外部防护能力。锂电池怕热，那么就在轻型车换电仓配备良好的散热系统，或者在换电仓外部增加遮阳棚。

因此，通过提升电芯的一致性、改善电解液、增强电池外壳的外部防护能力、开发散热系统等技术手段来保证换电电池的质量，是轻型车换电业务的第一道安全防护。

### 2. BMS 管控策略

BMS 即电池管理系统，它监测、控制、保护着整个锂电池组。电芯是硬件，BMS 则是软件。如果说电芯是电池的肉体，那么 BMS 就是电池的大脑。BMS 主要有以下三大功能。

监测：实时监测电池的电压、电流、温度、SOC 等性能指标，为各项控制与保护功能提供数据依据。

控制：能量控制管理，在充放电时进行合理的电压、电流控制，防止出现过充、过放故障；均衡控制管理，电池在使用过程中，单体差异等原因会造成电芯端电压不平衡，为避免这种不平衡趋势的恶化，需要进行均衡充电，对电池组进行活化，以均衡单体电芯特性，延长电池使用寿命。

保护：当 BMS 检测到电池相关性能参数异常时，会及时切断输入输出回路，保护电芯及电池组不受损害，主要包括电压保护、电流保护、温度保护和短路保护等。

过充、过放是导致锂电池热失控的主要原因。锂电池 BMS 的过充保护功能，即当锂电池电压升高到充电保护值时，BMS 就会开启过充保护，切断充电回路，从而避免过充。锂电池 BMS 的过放保护功能，即当负载出现异常时，锂电池组会出现大电流放电的情况，甚至出现正负极短路的状况，BMS 就会开启过放保护，切断放电回路，从而避免过放。这种情况如果不及时制止，锂电池会持续大电流放电，进而损害电芯及线路中的元器件，严重时会引发起火。BMS 通过设置不同的保护电流值以及保护延时时间，控制异常充放电电流，及时切断电池组的充放电回路。

随着电芯的老化，各个电芯之间的一致性会越来越差，这是导致电池寿命缩短的主要原因，此时过充也更容易发生，因此需要借助 BMS 的均衡管理功能，对整个电池组进行均衡补充充电，提升电芯的一致性，延长电池组的使用寿命。

目前，由于技术水平的进步，各厂家之间锂电池电芯的质量已相差不大。但由于 BMS 需要匹配不同的使用场景，尤其是轻型车换电电池的 BMS 运行场景复杂，同时对 BMS 成本的控制又非常严格，所以，做出高性价比的 BMS 是轻型车换电的当务之急，也是目前换电市场的"木桶短板"所在。

3. 换电柜的柜控系统

对于轻型车换电业务来说，在电池的 BMS 之上，还有一套换电柜的柜控系统作为防护。它是在 BMS 失效的情况下，进行的更高一层级的保护，具体如下：

（1）电芯压差超过1V时立即停止充电；

（2）通信中断后立即停止充电；

（3）针对充电过程中突发的异常情况，如电芯电压突降、电芯温度突然升高等，灵活采取相应的保护管理策略；

（4）告警分优先级，对于严重告警立即上报换电平台。

### 4. 换电柜的消防系统

换电柜内部应配置消防报警自动灭火装置，实现火灾的自动探测、自动上报、自动灭火等功能，满足换电柜全天候火灾安全防护需求。目前主流的模式是气溶胶消防和水消防，这里重点介绍前者。

气溶胶的消防原理是火灾发生时，气溶胶经过自身的氧化还原反应形成气溶胶灭火剂，喷向防护区域，从而迅速产生大量亚纳米级固相微粒和惰性气体混合物，以高浓度烟雾立体全淹没式作用于火灾发生的每个角落，通过物理降温、化学抑制多重作用，快速高效扑灭火灾，对环境及人员无毒害。

气溶胶启动模式主要有热敏线启动和电启动两种。

（1）热敏线启动。当温度达到170℃或遇到明火时，热敏线感温自燃，并迅速传递启动信号给灭火装置，从而快速扑灭明火。热敏线启动时要防止火星的产生，如果气溶胶的热敏线启动过程中伴有火星，那么火星会点燃锂电池喷发的电解液混合气，反而起到"助燃"的作用。

（2）电启动。火灾发生时，探测器传递信号给消防控制器，控制器通过电信号启动灭火装置灭火,或者人工控制电启动按钮启动灭火装置灭火。电启动要避免电触发装置受到干扰,因为气溶胶电启动的触发电压值较低,在受到干扰的情况下,会导致气溶胶的误喷发。可适度增加电触发装置的触发电压值,以减少电源波动、静电干扰、电磁干扰等因素造成的气溶胶误喷发情况。

目前,气溶胶已经能有效应用到实际生活中的灭火场景。2021年4月7日,上海浦东新区消防救援支队携上海消防研究所在上海浦东陆家嘴铜山消防救援站训练场,组织了辖区内7家低速电动车换电运营企业,针对电动自行车换电柜内置灭火装置,进行换电柜消防现场试验观摩。7家企业(品牌)分别是铁塔换电、圣君换电、南都换电、E换电、享换电、智租换电和蛮牛充电。

观摩会的主要内容是现场检测、试验换电柜内置电池及灭火系统在热失控状态下的消防安全功能,进一步了解换电柜火灾危险性,比较不同类型内置灭火装置的灭火效能,检测换电柜服务的安全性,以更好地规范安装场地设置和日常安全使用措施。

现场试验持续了近2小时,铁塔换电成为全场首家通过全部试验内容的换电运营企业。尤其在灭火试验中,铁塔换电柜内置灭火装置迅速将明火熄灭,仓门始终处于关闭状态,未产生飞溅物,成功控制了锂电池火灾风险。

换电的安全问题是关系到用户生命安全的民生大事,也是我们在"双碳"目标推进过程中必须攻克的问题。而加快技术革新,提升产品业态,做好换电的安全防护,是换电业务未来发展的必由之路!

CHAPTER 5
第 5 章

# 锂电池的生命周期

## 5.1 锂电池的原材料组成

以磷酸铁锂电池为例,其原材料由正极材料、负极材料、电解液、隔膜四大主材,及相关的集流体材料如铜箔、铝箔等组成。在充电过程中,锂离子自正极脱出,经电解液传递到负极,嵌入负极碳材料;同时从正极释放出电子,自外电路到达负极,维持化学反应的平衡。放电过程中,锂离子自负极脱出,经电解液到达正极;同时负极释放电子,自外电路到达正极,为外界提供能量。

在四大主材之中,正极材料是锂电池最核心的材料,其性能直接影响电池的能量密度、安全性、寿命和应用等,是锂电池产业链中规模最大、产值最高的材料,在锂电池材料成本中占比高达30%～40%,其成本也直接决定了电池整体成本的高低。中国是全球正极材料主要产能集中地,市占率约60%。因为锂电池的负极普遍用石墨,所以锂电池的名称都是以正极材料来命名的,比如正极用的是磷酸铁锂,就叫磷酸铁锂电池;正极用的是三元锂,就叫三元锂电池;正极用的是钴酸锂,就叫钴酸锂电池,这种电池主要用在手机上。

磷酸铁锂电池的正极材料主要由磷酸铁锂、粘合剂(PVDF)、导电剂(碳纳米管)、溶剂(NMP)四大部分组成。而碳酸锂是合成磷酸铁锂正极的重要原料,是正极材料的主要组成部分,1kW·h的磷酸铁锂电池大概需要0.6千克的碳酸锂,碳酸锂成本约占正极材料成本的40%。

碳酸锂主要在锂资源里提取,锂资源被称为21世纪的"白色石油",是生产尖端科技设备以及蓄电池不可或缺的重要材料,也是未来能够改写世界能源格局的重要能源,在电动汽车、储能、小动力和电动工具等很多方面都有广泛的应用。

目前,世界锂资源需求呈几何级倍数增长,到2040年,全球对锂资源的需求预计将比2020年飙升40倍。由于产量有限、分布不均、市场垄断等因素,近几年锂资源的价格在持续飙升。

## 5.2 碳酸锂的供需失衡

2021年10月,锂电池生产企业广州鹏辉下发了《产品价格调整通知函》,宣布对产品定价实行联动上调。一石激起千层浪,市场各端纷纷响应,掀开了锂电池终端产品价格上涨的序幕。正极材料的原材料碳酸锂和电解液的原材料六氟磷酸锂则是锂电池终端产品涨价的主要源头。从《产品价格调整通知函》

中也可以看出，碳酸锂价格已从年初的 65 元/千克涨到了 10 月初的 200 元/千克，涨幅达到了 207.69%，如图 5-1 所示。

Guangzhou Great Power Energy&Technology CO.,Ltd
广州鹏辉能源科技股份有限公司
产品价格调整通知函

尊敬的客户：

您好！感谢贵公司一直以来对鹏辉能源的信任和鼎力支持！

近来，电池主要原材料持续大幅涨价（如下表），在原材料涨价同时严重缺货，大部分材料厂家要求现金提货仍无法保证供应。

| 原材料名称 | 1月价格（元/千克） | 9月价格（元/千克） | 10月价格（元/千克） | 较9月涨幅 | 较1月涨幅 |
|---|---|---|---|---|---|
| PVDF | 260 | 643 | 820 | 27.53% | 215.38% |
| 碳酸锂 | 65 | 148 | 200 | 35.14% | 207.69% |
| 碳纳米管 | 30 | 62 | 85 | 37.10% | 183.33% |
| 电解液 | 45 | 89 | 117 | 31.46% | 160.00% |
| 锰酸锂 | 30 | 50 | 63 | 26.00% | 110.00% |
| 石墨 | 31 | 45 | 52 | 15.56% | 67.74% |

综上原材料的持续上涨趋势，我司努力消化成本上涨，但已经远远超出我司承受极限，为持续给客户提供优质产品和服务，保证产业链健康发展，结合当前市场行情，经公司慎重研究决定，即日起：

1）所有新订单执行大宗联动定价，上调幅度视各产品材料占比及涨幅而定（报价每周实时更新），不接收长周期、等通知投料和提货的订单。

2）所有已接但未提货的订单需重新议价，按新订单价格执行。

3）鉴于目前需支付现金采购原材料，为保证现金流，对账期较长的客户全面缩短账期。

4）逾期欠款客户暂停发货。

特此函告，感谢您的理解和支持！

顺祝商祺！

广州鹏辉能源科技股份有限公司
珠海鹏辉能源有限公司
河南省鹏辉电源有限公司
2021 年 10 月 13 日

图 5-1　广州鹏辉调整产品价格的通知函

碳酸锂的涨势为什么如此迅猛？

中金公司预测，全球锂需求将从 2021 年的 43 万吨 LCE（碳酸锂当量）增至 2025 年的 150 万吨 LCE。但从供给端长期来看，锂资源开发不确定性较高且锂资源主要集中分布在南美和澳大利亚，供给响应速度或难匹配需求增长。可见，供需严重失衡是碳酸锂涨价的根本原因，而供需失衡又是包括资源分布、技术限制、市场垄断在内等多方面因素共同作用的结果。

## 5.2.1 两大提取来源

从资源端来看，2020 年全球探明锂资源量约为 8200 万吨，超过 90% 的锂资源分布在中国以外的国家和地区。从区域来看，锂资源主要集中在玻利维亚、澳大利亚、智利、阿根廷、美国等。从矿藏来看，全球近 80% 的锂资源产量集中在南美三湖和澳大利亚六矿。其中，南美三湖指智利的 Atacama、阿根廷的 Hombre Muerto 和 Olaroz 这三个盐湖，澳大利亚六矿指格林布什矿（Greenbushes）、马里昂矿（Marion）、皮尔甘戈拉矿（Pilgangoora）、Cattlin、Wodgina、巴尔德山矿（Bald Hill）这六座矿山。

1. 锂矿石提取

锂资源主要从锂辉石、锂云母等固体锂矿石中提取，锂矿石储量主要集中在西澳大利亚州。

（1）西南部区域。格林布什矿位于西澳大利亚珀斯南部，为露天硬岩锂矿，是目前世界上正开采的储量最大、品质最好、开采成本最低的锂辉石矿山。格林布什锂矿的开采曾一举改变了全球锂业格局，锂资源生产重心逐渐从美国和加拿大等地向澳大利亚集中。

格林布什矿由澳大利亚泰利森公司控股，我国的天齐锂业和美国雅宝公司分别拥有泰利森51%和49%的股份。

（2）东部淘金区。东部淘金区分布着马里昂矿和巴尔德山矿，前者是全球第二大已投产的锂辉石矿。

马里昂矿由澳大利亚RIM（Reed Industrial Minerals）公司所有，我国的赣锋锂业和澳大利亚Mineral Resources各持有该公司50%的股份。

我国的江特电机持有澳大利亚Tawana公司11.32%的股份，Tawana拥有巴尔德山矿50%的股份。

（3）西北部区域。西北部区域主要分布着皮尔甘戈拉矿和Wodgina，两个锂矿位于印度洋黑德兰港以南120公里处附近。

皮尔甘戈拉矿由澳大利亚Pilbara Minerals公司拥有和经营，我国的赣锋锂业持有该公司6.16%的股份。

（4）南部区域。南部区域主要分布着Cattlin，该矿为大型露天硬岩锂矿，由澳大利亚银河资源（Galaxy Resources）公司100%控股。

可见，澳大利亚六矿主要集中在美国和澳大利亚手中，我国对六大矿山的控制权有限。特别是在目前海运运力紧张和中澳关系复杂多变的环境下，我国的锂矿石进口更雪上加霜。

### 2. 盐湖卤水提取

与从锂矿石中提取相比，从盐湖卤水制取出来的碳酸锂，锂的含量更高，具有能耗低和成本低的优势，为国外生产锂产品的主要锂源。盐湖的品质主要看盐湖中的镁锂比，镁锂比越低，提取的成本也越低。目前低镁锂比盐湖主要分布在阿根廷。

（1）阿塔卡玛盐湖（Atacama）。该盐湖位于智利北部的安托法加斯塔地区，坐落于安第斯山脉脚下，临近智利与阿根廷和玻利维亚的边境，是全球范围内含锂浓度最高、储量最大、开发程度最高的锂盐湖。该盐湖目前由美国雅宝公司（ALB）和智利矿业化工（SQM）共同开采。

（2）翁布雷穆埃尔托盐湖（Hombre Muerto）。该盐湖位于阿根廷卡塔马卡省普纳高原地区，由美国富美实公司（FMC）的子公司 Livent 开发。

（3）Olaroz 盐湖。该盐湖位于阿根廷西北部胡胡伊省，地处高原，日照时间长，适宜大面积铺设盐池，开采条件优越，由澳大利亚银河资源和奥罗科布雷公司（Orocobre Limited）开发。

我国低镁锂比的盐湖主要分布在西藏，高镁锂比的盐湖主要分布在青海。西藏的盐湖镁锂比较低，但由于工业基础差，气候不适宜，因此开采环境也不理想。青海的盐湖镁锂比较高，提取难度和成本都很大。同时，由于西藏、青海冬天温度很低，盐湖长时间处于冻结状态，因此开工率也是个大问题。

2021 年 6 月，习近平总书记到青海考察时提出，要加快建设世界级盐湖产业基地，打造国家清洁能源产业高地。㊀在政策

---

㊀ 姜峰，刘雨瑞. 推进青藏高原生态保护和高质量发展取得新成就（沿着总书记的足迹·青海篇）[N/OL]. 人民日报，2022-06-28（1）[2022-09-11]. http://paper.people.com.cn/rmrb/html/2022-06/28/nw.D110000renmrb_20220628_4-01.htm.

支持下，国内盐湖提锂迎来了最好的发展时期，国内优质盐湖有望迎来大开发，未来在技术工艺改进的带动下，我国盐湖提锂产量有望实现高速增长。

### 5.2.2 锂资源的高度垄断

由于全球锂资源是高度集中的分布生态，因此产能的高度垄断无法避免。目前全球锂资源的主要产能由美国雅宝、美国富美实、澳大利亚泰利森（Talison）和智利矿业化工四家企业垄断，四家企业占据了全球约90%的产能。

1. 美国雅宝

总部位于美国北卡罗来纳州夏洛特，是全球最大的锂生产商。作为全球锂资源的王者，这家企业的产能释放和扩产规划对整个行业的供需平衡有着重大影响。雅宝的产能主要集中在全球最优卤水资源智利阿塔卡玛盐湖和最优矿石资源澳大利亚格林布什矿山，资源禀赋在行业内首屈一指。

2. 美国富美实

总部位于美国宾夕法尼亚州费城，是全球著名的农业科技企业，于2018年将其锂部门拆分并上市，名为"Livent"，其对阿根廷翁布雷穆埃尔托盐湖锂储量拥有长期矿权。

3. 澳大利亚泰利森

总部位于西澳大利亚州的港口城市珀斯，是世界上最大的锂辉石矿拥有者，目前由我国的天齐锂业（持股51%）和美国雅宝（持股 49%）控股。泰利森与天齐锂业和雅宝分别签署过分销和供货协议，泰利森生产的技术级锂精矿首先销售给天齐锂业和雅宝，再由天齐锂业和雅宝对外销售。

4. 智利矿业化工

总部位于智利首都圣地亚哥，拥有智利的阿塔卡玛和 Caliche 硝石矿床，同时持有澳大利亚 Mt.Holland 锂辉石项目 50% 权益，可以称得上是南美锂王。我国的天齐锂业持有智利矿业化工 25% 的股份。

除了上述的四大巨头之外，还有不少全球性的老牌企业也在不断加大市场布局的深度和广度，试与它们分庭抗礼。

例如澳大利亚的两家顶级锂矿商银河资源和奥罗科布雷公司，已于 2021 年 4 月 19 日达成了价值 40 亿澳元的并购协议，合并后年产量有望超过 13 万吨碳酸锂当量，将成为澳大利亚最大、全球第五大锂矿商。其总部设在阿根廷首都布宜诺斯艾利斯。

还有号称北美明珠的美洲锂业（Lithium Americas，LAC），该企业总部位于加拿大温哥华，在卤水资源和黏土锂矿上有一定优势，目前正在进行多样化资源布局，这是美国锂电池产业链规划中的重要一环。

最后不得不提的是阿富汗。近来，美国等国地质学家发现，阿富汗境内蕴藏着一座经济容量高达万亿美元的世界级锂矿，美国国防部将阿富汗描述为"锂矿界的沙特阿拉伯"。目前阿富汗有总储量将近 2.5 亿吨的锂矿均未进行任何开发。

"资源决定胜局"已成行业共识,未来随着锂资源的需求量增加,对资源的争夺将更加激烈,对锂资源的占有和控制将直接影响我国新能源产业的安全和可持续健康发展,也将重塑第四次技术革命下的世界能源格局。

## 5.3 六氟磷酸锂的崛起

在上一节内容中,我们分析了锂电池正极材料中成本占比最大的原材料碳酸锂,本节我们分析电解液中成本占比最大的原材料六氟磷酸锂。从广州鹏辉的《产品价格调整通知函》可以看出,2021年10月电解液的价格较年初增长了160%,而导致电解液出现这种涨幅的根源是其原材料六氟磷酸锂的价格上涨。六氟磷酸锂是电解液的核心材料,技术含量高,占电解液成本高达50%。

### 5.3.1 电解液的构成

在整个充放电循环的过程中,电解液的本质作用就是稳定传导锂离子。传导是电解液的本质特征,稳定是电解液的性能要求。电解液对于锂电池能量密度、宽温应用、循环寿命和安全性能等方面都具有十分重要的作用,可以说是锂离子电池的"血液"。

电解液的配制环节技术壁垒较低,生产流程也较为简单,因此其核心战场就是对原材料的成本控制。电解液由溶剂、溶质和添加剂三部分组成,成本约占锂电池材料总成本的15%。

而在电解液的材料成本中，溶剂约占 10.9%，溶质约占 57.4%，添加剂约占 25.7%，如图 5-2 所示。目前主流溶质选用的是六氟磷酸锂，因此其价格的波动就成为影响电解液价格的主要因素。

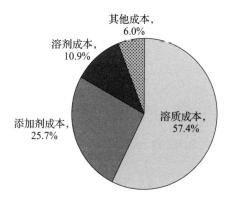

图 5-2　电解液材料成本占比

## 5.3.2　六氟磷酸锂的价格走势

六氟磷酸锂是一种无机物，化学式为 $LiPF_6$，白色结晶或粉末，易溶于水，还溶于低浓度甲醇、乙醇、丙酮、碳酸酯类等有机溶剂。六氟磷酸锂唯一的下游就是电解液。六氟磷酸锂的制备工艺主要用到氟元素、锂元素和磷元素，这三种元素的价格波动会直接带动六氟磷酸锂的价格涨跌。在动力电池的总成本结构中，六氟磷酸锂原本只占到 3% 左右，现在却一跃升至 10%，其分量不容忽视。

没有六氟磷酸锂就没有电解液，没有电解液就没有锂电池。六氟磷酸锂作为电解液的核心和灵魂，目前已成为最抢手的新能源材料之一,而它的价格走势也体现了我国新能源发展的进度和高度(见图5-3)。

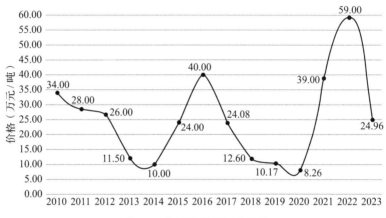

图5-3 六氟磷酸锂历史价格

早在2016年,六氟磷酸锂的价格曾达到40万元/吨的高峰值,当时我国还不具备成熟的六氟磷酸锂生产加工技术,主要依靠从国外进口,因而导致价格居高不下。之后的几年内,随着六氟磷酸锂的国产化,以及新能源补贴逐年减少,六氟磷酸锂的价格开始一路下滑,并一直持续到2020年年中。而从2021年开始,随着锂电池的装车需求量暴增,六氟磷酸锂的价格也随之开启了暴涨模式。Wind、百川资讯数据显示,六氟磷酸锂市场价格从2020年最低点的7万元/吨涨到了2021年12月的59万元/吨,涨幅超7倍。

以每吨成本大概9万元、市场价格52万元计算,六氟磷酸锂每吨利润高达43万元,毛利率达477%。由于市场供应紧缺,部分企业甚至出现断货。很多企业选择按克售卖,每500克报价超过 800 元，每吨报价高达 160 万元。就算如此企业还需要排单等待，有钱无货的情况比比皆是。

### 5.3.3　各大企业的资源争夺

六氟磷酸锂项目投资强度大，扩产周期长，新进入的竞争者需要足够的资金支持，以及长回报周期承受能力。对于那些成熟的头部厂商，它们的扩产周期可以压缩到 18 个月左右，并且往往可以提前试产出货并迅速完成产能爬坡；其他厂商的扩产周期可能要 3 年。但是这种行业对环境污染较大，在"双碳"的大背景下，六氟磷酸锂这种高危剧毒的化学品要想扩产是非常艰难的。

在此种背景下，行业龙头企业产能占比高且成本相对低的特性，使得其拥有更强的定价权，在供需格局偏紧的背景下价格有望维持高位。随着六氟磷酸锂的市场前景一路看好，一些锂电池巨头也纷纷祭出妙招：通过长期协议的方式来绑定紧密稳固的供需关系，以此化解供应链风险。

率先开局的是宁德时代，2021 年 5 月 27 日，天赐材料全资子公司宁德凯欣与宁德时代签订协议，约定自协议生效之日起至 2022 年 6 月 30 日，宁德凯欣向宁德时代供应预计六氟磷酸锂使用量为 1.5 万吨的对应数量电解液产品；7 月 31 日，宁德时代与永太科技签订了物料采购协议，约定在协议有效期内，宁德时代向永太科技采购六氟磷酸锂产品，2021 年 7 月 31 日～2026 年 12 月 31 日的六氟磷酸锂合计最低采购量为 24 150 吨。

综合以上协议，宁德时代对六氟磷酸锂的综合采购量达到39 150吨。按照业内的估算，1GW·h磷酸铁锂电池大概需要125吨六氟磷酸锂，换算得知39 150吨六氟磷酸锂对应的电池产能大概为313GW·h。

紧随其后的是比亚迪。2021年7月16日，比亚迪与多氟多签订六氟磷酸锂产品销售合同，比亚迪采购总数量不低于6460吨。7月18日，比亚迪与新泰材料签订六氟磷酸锂产品长期合作协议，约定2021年7月至2022年12月，新泰材料向比亚迪供应六氟磷酸锂不少于3500吨，2023年供应3600～7800吨。7月19日晚，比亚迪与九九久科技签订六氟磷酸锂产品长期合作协议，九九久科技承诺在2021年7～12月供货不低于1150吨，2022年供货不低于3360吨，2023年供货不低于3360吨。

综合以上协议，比亚迪对六氟磷酸锂的综合采购量或将达到25 630吨，对应的电池产能大概为205GW·h。

### 5.3.4　我国企业的问鼎之路

焦作，这座豫北小城，北部是巍巍太行，南边是滔滔黄河，这里不但有享誉华夏的云台山，还诞生了全球最大的六氟磷酸锂企业——多氟多化工有限公司。

日本作为锂电池产业的发源地，一度占据着全球98%以上的锂电池产量。21世纪初，在六氟磷酸锂的生产方面，日本的森田化学、关东电化和瑞星化工三家企业几乎称霸世界。

北京化学试剂研究所是国内最早开始使用六氟磷酸锂的研

究机构之一。2006年之前，该研究所使用的六氟磷酸锂都是从日本企业采购的，价格高达每吨100万元左右，不仅供货周期长，还要求预付款。研究所一位资深工程师曾诉苦："我每年要到日本三次，跟人家说好话，花几倍的高价还不肯卖给我们。"

正是在这种极端困难的背景下，多氟多开启了六氟磷酸锂的全球问鼎之路，堪称产业界的"励志教材"。

创始人李世江出生于1950年年底，18岁入伍，24岁退伍后进入河南焦作市温县化肥厂工作。1994年临危受命接手当地濒临破产的一家冰晶石厂。1999年在此基础上成立多氟多公司。

2006年，56岁的李世江乘飞机到日本拜访技术专家桥本，想向对方学习六氟磷酸锂的生产技术并寻求合作，但均被拒绝。万般无奈之下，李世江决定自己研制锂电池的核心原料六氟磷酸锂。其间，大的失败和小的失败起码有几千次，一批人不分昼夜研究了8年，终于研制出2克晶体六氟磷酸锂。

从此，多氟多生产的六氟磷酸锂不仅替代了进口产品，还出口日本和韩国。从2014年开始，多氟多连续8年实现产销量全球第一。2021年，全球六氟磷酸锂总产量达到6.8万吨，其中有近三分之一来自多氟多。

六氟磷酸锂是氟化工领域"皇冠上的明珠"，多氟多在当年国内技术空白、国外技术封锁的背景下，十余年来攻克六氟磷酸锂"卡脖子"技术，打破了美日韩等外国企业对六氟磷酸锂的技术封锁和市场垄断，实现从跟跑、并跑到领跑，展现了我国企业突破国外垄断、成为全球领先企业的创新与坚持。

## 5.4 席卷而来的涨价浪潮

磷酸铁锂上游原材料价格的持续上涨,带动了锂电池成本的快速上升。根据鑫椤锂电网的数据,由于上游原材料价格的上涨,相较于2021年1月,磷酸铁锂电池10月的成本涨幅约在30%(见表5-1);磷酸铁锂2022年12月较2021年12月的成本涨幅超过60%。

表 5-1　磷酸铁锂上游原材料及磷酸铁锂电池系统价格的涨幅数据

| 项目 | 2021年1月价格（万元/吨） | 2021年10月价格（万元/吨） | 2021年10月较年初价格涨幅 |
| --- | --- | --- | --- |
| 磷酸铁锂 | 4.14 | 8.10 | 96% |
| 石墨 | 3.85 | 4.60 | 19% |
| 电解液 | 4.00 | 11.00 | 175% |
| 铜箔 | 10.40 | 12.35 | 19% |
| PVDF | 19.00 | 42.00 | 121% |
| 铝箔 | 2.85 | 3.20 | 12% |
| 磷酸铁锂电池 | — | — | 30% |

上游原材料价格上涨导致锂电池的出厂价也水涨船高,各大厂家相继卷入了这场涨价的浪潮。

2021年10月13日,广州鹏辉发布《产品价格调整通知函》,对所有新订单执行大宗联动定价,上调幅度视各产品材料占比及涨幅而定(报价每周实时更新),并且不接受长周期、等通知投料和提货的订单;所有已接但未提货的订单需重新议价,按新订单价格执行;对账期较长的客户全面缩短账期;对逾期欠款客户暂停发货。

2021年10月18日,合肥国轩高科对安徽大江新能科技有限公司发布《调价商洽函》，决定就双方已签订订单进行二次磋商。

2021年10月25日，深圳比亚迪发布《电池价格上调联络函》，决定上调C08M等电池产品单价。具体调价方案是：产品含税价格在现行的Wh单价基础上，统一上涨不低于20%，具体型号、价格参考新报价单；2021年11月1日起，所有新订单将统一签署新的合同，并执行新价格；2021年11月1日起，所有未执行完成的旧合同订单，系统将统一关闭取消。

在这些条款中，我们可以看到除了产品本身价格上调，还外带缩短账期、款到发货、未执行合同按新价格重新签署、价格每周更新、不接受长期订单等多项衍生条款，堪称"霸王条款"。而这次席卷锂电池厂家的涨价浪潮，也正式掀开了生产者物价指数（Producer Price Index，PPI）与消费者物价指数（Consumer Price Index，CPI）收敛的序幕。

## 5.4.1　PPI与CPI的收敛

PPI衡量工业企业产品出厂价格变动趋势和变动程度，是反映某一时期生产领域价格变动情况的重要经济指标。PPI反映了生产环节的价格水平。PPI越高，说明经济的通货膨胀压力越大，物价就会上涨；PPI比预期指数低，则说明有通货紧缩的风险。

CPI是反映一定时期内城乡居民所购买的生活消费品和服务项目价格变动趋势和程度的相对数。CPI反映了消费环节的价格水平。CPI可以说是通货膨胀指数，通俗地说就是衡量人们手中的现金是否值钱，一般来说CPI越高，现金就越贬值。

PPI 体现的是上游原材料的价格,是先行指标。CPI 体现的是消费端拿到的价格,是滞后指标。PPI 和 CPI 往往会存在剪刀差,也就是说 CPI 没跟上 PPI,这意味着中间的企业吸收了原材料成本的上扬,通胀只限于生产层面,还没能或者说没有向消费端传递。

PPI 与 CPI 的关系如图 5-4 所示。PPI 基本可以作为 CPI 的先导指标,在通胀的路上,即 PPI 增长的情况下,CPI 向 PPI 的收敛大概率会迟到,但绝不会缺席。

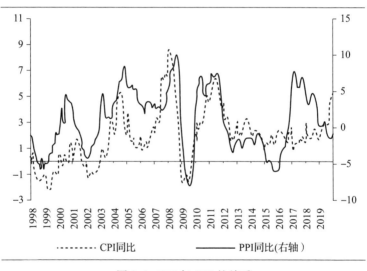

图 5-4　PPI 与 CPI 的关系

一般来说,整体价格水平的波动会首先出现在生产领域,然后通过产业链向下游产业扩散,最后波及消费品。也就是说生产端价格的波动最终会传递到消费端。

以海天味业这种日常消费品企业为例,我们先来看看在日常消费品行业的价格传导过程。

海天味业是中国专业的调味品生产企业、"中华老字号"企业，产品涵盖酱油、蚝油、调味酱、醋品、鸡精等几大系列。海天酱油一直是酱油行业的市场龙头老大，市占率已超过20%，是"酱油三巨头"（海天酱油、厨邦酱油、千禾味业）中实力最强的酱油品牌。2021年10月12日，海天味业正式宣布提价，公告指出，鉴于各主要原材料、运输、能源等成本持续上涨，为了更好地向消费者提供优质产品和服务，促进市场的可持续发展，经公司研究决定，对酱油、蚝油、酱料等部分产品的出厂价格进行调整，主要产品的价格调整幅度为3%～7%不等，新价格于2021年10月25日开始实施。

海天味业此次提价的根本原因在于成本压力。海天味业对渠道的掌控力很强，拥有全国近3000家经销商和近20 000家分销商及联盟商，直控终端销售网点达50多万家，覆盖了全国绝大部分县市。从消费趋势来看，这次提价最终会传导到终端，并产生蝴蝶效应，带动所有产品价格上涨。唯一不确定的只是传导时间的早晚问题。

可见，日常消费品涨价的原因在于上游的成本压力，之所以能传导下去在于其终端的强劲需求、明显的品牌优势以及首屈一指的市占率。下面我们来看看和电池相关的下游市场的价格传导情况。

## 5.4.2　电动车的涨价之路

特斯拉作为全球最顶尖的电动车企，在美国纯电动车市场占据将近 70% 的市场份额。而在 2021 年，由于电池等成本上涨的压力，特斯拉在美国市场前后调价超过了 10 次。2021 年 10 月 23 日，特斯拉长续航版本 Model X 和 Model S 的价格上涨 5000 美元，起售价分别提升到 104 990 美元和 94 990 美元；长续航版本 Model Y 和标准续航 Model 3 升级版本的价格上涨 2000 美元，起售价分别提升至 56 990 美元和 43 990 美元。同年 11 月 7 日，特斯拉美国官方再次调整了 Model 3 和 Model Y 车型的售价，两款车型全系上调 1000 美元。

乘用车已踏上了涨价之路，轻型电动车市场也未能例外。受电池、轮胎、减震等上游原材料价格持续上涨的影响，两轮电动车也在 2021 年下半年掀起了新一轮的涨价潮，涨幅十分可观。

九号单车是由小米投资的，从初露锋芒到占位智能化赛道，仅用了一年多的时间就实现逆袭，成为备受行业好评的智能化电动车品牌。该公司于 2021 年 10 月 29 日发布涨价通知，指出由于近期锂电池、铝、铜等大宗物料价格持续上涨，同时芯片等部分进口器件也持续缺货和涨价，经研究决定，自 2021 年 11 月 12 日起，将部分车型售价上调 100～1000 元不等。

九号单车的这次提价再一次说明，电池等上游原材料价格的上涨已经传递到两轮电动车的消费端，且由市场头部企业率先提价。

### 5.4.3　换电市场的应对策略

由于上游原材料价格的上涨，各大锂电池厂家已纷纷开始调价，相应地，换电运营企业也应该从四个层面来操作应对。

1. 内部挖潜

对于换电运营企业来说，内部挖潜就是提升自身的运营管理水平，应每日数省其身：电池用户比能否控制在 1.5 以内？用户仓位比能否保持在 1.5 以上？直供电比例能否达到 50% 以上？场租占比能否控制在 50% 以上？用户渗透率能否做到 50% 以上？直接获客比例能否做到 50% 以上？车电一体比例能否做到 50% 以上？电池丢失率能否控制在 1% 以内？单纯的佣金占比能否控制在 10% 以内？维修周期能否控制在 15 天以内？……

2. 提前锁定

锂电池企业以现款锁定上游原材料，运营企业也可以用支付预付款的方式提前锁定电池供货数量，此外还可以简化付款流程，缩短付款周期，对下属企业进行"付款及时率"考核。

3. 联动机制

将电池定价与原材料价格进行联动，以原材料价格涨跌幅度决定定价涨跌幅度。其中电芯价格的联动主要是基于碳酸锂、六氟磷酸锂、石墨、隔膜、铜箔、铝箔等的价格变动，可以参考鑫椤锂电网月度均价来进行调整；电芯之外的成本主要是 BMS 和外壳，可以与对成本变动影响较大的 BMS 进行联动。当然，建立基于电芯和 BMS 的价格联动机制是合理而长期的最优解。

4. 租金价格调整

轻型车换电业务自开展以来，租金市场价格基本锁定在每月 300 元左右的平均水平。随着锂电池采购成本的提升，从生产端向消费端的价格传导将是大势所趋，轻型车换电租金很快将迈开快速上涨的步伐。

## 5.5　锂电池的回收利用

纵观人类文明的历史长河，能源的开发利用一直都是双刃剑。电动车作为新能源交通工具，给我们的生活带来了巨大的便利，但快速增长的红利背后却是生态环境的隐患迭生。

新能源汽车动力电池的寿命一般是 5～8 年，两、三轮电动车动力电池的寿命一般是 3 年。当动力电池出现明显的容量下滑（如剩余容量低于 70%）、行驶里程减少、电芯压差增大等情况时，则表明应当退役。锂电池退役后，暴露于高温环境或被渗透时可能会过热和着火，释放出剧毒物质一氧化碳和氰化氢，此外还会造成水体和土壤污染，影响生物的生长繁殖。

合理利用回收后的废弃电池，不仅能减少这些环境污染，还能带来新的经济价值。中国汽车技术研究中心统计数据显示，2020 年我国累计报废动力电池超过 20 万吨（容量约 25GW·h），2025 年我国需要回收的废旧动力电池容量预计将达到 137.4GW·h（110 万吨左右），约为 2020 年的 5 倍。

以上种种都表明，对废旧动力电池进行回收势在必行。目前国际上针对废旧动力电池的回收利用分为两种方式：梯次利用和再生利用。

根据动力电池的容量来区分，当余能状态在 80%～100%

时可正常使用，余能状态在 20% ～ 80% 时满足梯次利用的回收条件，而余能状态在 20% 以下则进行再生利用（报废回收），如图 5-5 所示。

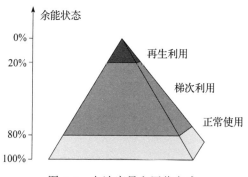

图 5-5 电池容量和回收方式

可见，电池退役后其性能并未完全丧失，仍有 20% ～ 80% 的剩余容量，将退役电池梯次利用，能最大限度地发挥电池全生命周期价值，为社会创造经济价值的同时，减少废弃物排放，是现代社会应大力推行的一种绿色环保、循环型、低碳型的生产方式，如跳过梯次利用而直接回收，则是对剩余价值的巨大浪费。因此，本着最大化资源利用的原则，一般是先进行梯次利用，然后再进行再生利用。

## 5.5.1 梯次利用"面面观"

### 1. 三大利用原则

梯次利用是指当动力电池不能满足现有电动车辆的功率和能量需求时，将其转移应用到对动力电池能量密度、功率密度等特性要求较低的其他领域，比如储能、备电等场景，从而达到充分发挥其剩余价值的目的。

退役电池的性能明显不如新电池，除容量降低、内阻增大之外，还存在一致性不佳的现象，因此，在实践过程中会出现跳水式的性能衰减。在所有种类的电池中，磷酸铁锂电池循环寿命较长、安全性较高，更适合梯次利用。

实践表明，梯次利用电池应遵循以下三大原则。

（1）**小模块**。模块越多，电池的一致性就越差。小模块梯次应用降低了电池不一致性带来的影响，有利于梯次利用电池性能的提升。

（2）**小电流**。小电流原则是指以较小的充放电倍率进行充放电，一方面可以提高安全性，另一方面也可以增加放电容量，因为随着放电电流的增加，电池的放电容量将会有所下降。当放电倍率比较小（比如小于0.33C）时，锂电池的放电容量基本可以100%放出。

（3）**非移动**。非移动原则是指在静止状态下，电池的放电电流等比较平稳，对电池的冲击和影响比较小，电池组结构稳定，无撞击、挤压风险，更有利于发挥电池的性能并延长使用寿命。

2. 三种利用方案

锂电池的制造过程可分为电芯单体（Cell）制造、电池模块（Module）生产、电池包（Pack）组装三个步骤，因此相应的锂电池的梯次利用方案可分为整包级利用、模块级利用和拆解至电芯的单体级利用三种（见图 5-6）。

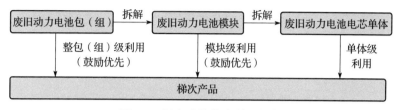

图 5-6　锂电池的梯次利用方案

整包级利用是指在相应的检测指标，比如 SOH、压差、内阻等符合利用条件的前提下，对整包电池组不进行拆解而直接进行梯次利用。该方案加工流程简单、安全性高、成本低，是梯次利用的最佳方案。

模块级利用是指在不符合整包级利用的前提下，将电池包拆成模块后，进而将符合条件的模块重组成梯次利用产品。与整包级利用相比，该方案加工流程相对复杂、成本相对较高、安全性稍低。

单体级利用是指在不符合整包级利用和模块级利用的前提下，将电池包拆解到模块后，进而将模块拆解到电芯单体，最后再重组成梯次利用电池产品。该方案做到了物尽其用，但加工流程最复杂、成本最高、安全性较低。

3. 五大加工步骤

前文讲到，锂电池的梯次利用有三种方案，其中单体级利用方案最为复杂，下面以此为例来介绍其加工流程的五大步骤（见图 5-7）。

图 5-7　锂电池单体级利用加工流程

（1）**拆解**。对电池包进行拆解，并通过外观及单体电芯检测，筛选出可用于重组的单体电芯。外观筛选主要检测有无腐蚀、破损漏液、鼓包、起皮、压痕、凹坑、存在异物等现象。

（2）**分容**。在常温下对电芯进行充放电，对筛选合格的单体电芯进行容量分选。

（3）**配组**。对单体电芯进行分容后，选择性能尽可能一致的单体电芯来装配成电池组。

（4）**Pack 封装**。对电池进行分容并配组后，对成组电芯进行 Pack 封装，组装成完整的电池包。

（5）**整组测试**。在分容、配组、Pack 封装完成后，对重组梯次利用电池进行整包内阻、电压、通信等测试，以保证梯次利用电池产品的出厂质量。

### 4. 四大应用场景

梯次利用的应用场景包括静态场景和动态场景。静态场景主要是化学储能，应用于发电侧、配电侧、用户侧储能，通信基站备用电源，家庭、商业储能，分布式发电、微网等。动态场景主要应用于电动自行车、低速代步车、物流车、城市环卫车铅酸电池的替换等。下面将以其中四种场景为例，讲述电池梯次利用的可行性。

（1）**通信基站备用电源使用场景**。通信基站的电池分为分立式和集成式两种，两者的区别在于电池模块与电池管理系统是否集成为一体。而废旧电池在这两种形式的电源上均能以备用电源的形式实现梯次利用。

（2）**储能集装箱使用场景**。梯次利用电池也可在储能领域进行推广应用，通常可以用作应急能源，也可以在电网负荷低的时候储能，在电网负荷高的时候输出能量，实现削峰填谷的功能，减轻电网波动。

（3）**轻型车使用场景**。该场景涵盖电动自行车、电动摩托车、电动三轮车、低速电动汽车等多种场景。针对快递公司使用的电动三轮车，部分公司开展了梯次利用电池租赁模式的示范推广。电池的产权归属于梯次利用公司，后期的电池维修、更换也由梯次利用公司负责，快递公司付费租用。这种商业模式可以带来几点优势：①平衡快递公司单次采购大批量电池的成本压力；②电池的电量使用完毕后，电池通常放置在充电柜中进行充电，充电条件适宜，有利于延长电池的使用寿命；③梯次利用之后还可以将电池有效回收，进入再生利用环节，避免废旧电池造成环境污染。

（4）**AGV使用场景**。自动导引运输车（Automated Guided Vehicle，AGV）指装备有电磁或光学等自动导引装置，能够沿规定的导引路径行驶，具有安全保护以及各种移载功能的运输车，工业应用中不需要驾驶员的搬运车，以蓄电池为其动力来源。AGV的工况特点如固定路线、浅充浅放、使用条件温和等。目前，AGV 通常使用的电池仍是铅酸电池，若改用退役的动力电池可提升其工作性能。因此，可利用梯次动力电池对原有铅酸电池进行替换。

### 5. 发展现状

国务院在《节能与新能源汽车产业发展规划》中明确指出："加强动力电池梯级利用和回收管理。引导动力电池生产企业加强对废旧电池的回收利用，鼓励发展专业化的电池回收利用企业。"可见，国家也在为电池的梯次利用搭建产业环境与规范标准。

目前换电产业链上下游企业在动力电池梯次利用的场景上已实现了一些成功探索，例如基站备电、公交站场储能、快递三轮车充电等。德国、美国、日本等国家起步早，已有成功的示范工程和商业项目。日本 4REnergy、夏普，美国特斯拉已先后将梯次利用电池用于个人或商业储能项目。而在国内，以最早将梯次利用产品规模化应用的企业中国铁塔为例，其主要场景为偏远空旷区域的通信基站，既解决了退役电池的去向问题，又发挥了锂电池的二次价值，还减少了对社会环境的污染。2018 年中国铁塔使用梯次利用锂电池容量约 1.5GW·h，2019 年为 5GW·h，替换铅酸电池约 15 万吨，消纳退役动力蓄电池超过 5 万吨。

通信基站是实现动力锂电池梯次利用的重要应用场景之一，中国铁塔拥有 210 万个基站，对退役电池有长期稳定的需求，在梯次利用电池监控管理、物流体系及维护保障等方面具有天然优势，目前已处于国内锂电池梯次利用产业的领军地位。

此外还有不少企业也正在电池梯次利用的赛道上不断前行。例如蓝谷能源在进行电池的梯次利用时，以电池贸易为主，辅以小动力电池包租赁运营和储能站销售；华友钴业也打造了"城市智慧能源互联网梯次利用"服务模型，包括 5G 无人物流车、外卖或快递电动车、城市环卫电动车、通信备电产品、冷库备电、数据库备电、储充一体化等应用场景，已在北京、上海、深圳、广州等 60 多个城市运营。

目前动力电池的梯次利用仍然面临不少难点。从流程来看，梯次利用包括电池回收拆解、筛分重组、系统集成、重组利用等，有一定成本和技术含量。在电池价格快速下降的当下，梯次利用相对于直接回收利用的经济优势正在减小。另外，电池梯次利用还涉及新能源车企、动力电池企业、报废机动车回收拆解企业和梯次利用企业等多方，如何协调各方关系也是一大难点。

作为推动新能源汽车电池循环经济的第一环节，动力电池梯次利用延长了电池使用寿命，在资源安全、节能环保、经济效益和延长产业链条等多方面具有重要意义。未来随着电池性能的提升，梯次利用的价值也将越来越大，会有更多的整车厂和电池厂进入这片蓝海，共同建设可持续的、健康有序的电池回收市场。

## 5.5.2 再生利用"显生机"

据国家动力电池溯源平台数据分析，截至 2022 年 3 月底，我国再生利用企业已资源化回收处置 6.4 万吨废旧动力电池，梯次利用已处置 7016 吨废旧动力电池，并以此生产了 780MW·h 的梯次产品。巨大的市场规模意味着回收利用势在必行。

上一节已详细讲述了梯次利用的各个要点，本节内容将着重讲述退役电池的再生利用。

在梯次利用结束后，动力电池将进入最后的再生利用环节，即进行报废、拆解及回收，通过分离和提取电池中的各种材料，尤其是稀有金属、稀土元素等稀缺资源，可以提高资源利用率，减少环境污染，实现动力电池的循环利用。

之所以进行再生利用，除了减少环境污染外，还考虑到我国锂电池相关资源的稀缺性。2021 年，我国的锂资源储量仅占全球的 6.8%（见图 5-8），产量仅占全球的 5.9%。而且，我国 80% 以上的锂资源赋存于盐湖中，主要分布在青海、西藏等地，这些区域的开采难度和环保压力都比较大。所以，锂电池的再生利用对我国来说意义重大。

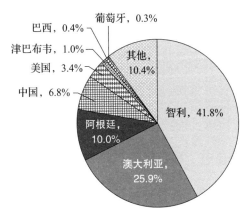

图 5-8 2021 年世界锂资源储量分布

动力电池的回收工艺主要分为干法回收和湿法回收两种。

干法回收是指不通过溶液等介质，直接对有价金属进行回收，主要方法有物理分选法与高温冶金法。其中物理分选法是指对电池进行拆解，对电极活性物质、集流体和电池外壳等，使用破碎、过筛、磁选分离、精细粉碎和分类等一系列物理手段，将高价值金属材料与其他物质分离，得到有价值产物。此方法处理效率较低，但由于不使用化学品，因此工艺非常环保。而高温冶金法是指将经过物理破碎等初步分离处理的锂电池材料进行高温分解，将有机粘合剂去除，从而筛选得到含有金属和金属氧化物的细粉状材料。此方法工艺流程相对简单，能耗较大。

湿法回收是指采用酸碱溶液等媒介对电极材料中的金属离子进行提取，并浸出到溶液中，之后对浸出溶液中的金属离子进行分离回收。该方法工艺较为复杂，成本较高，但有价金属回收率较高，且工艺成熟，因此是目前动力电池回收处理的主要工艺。

### 5.5.3　政策推动与落地实践

1. 政策推动

2018年1月，工业和信息化部等七部委发布了《新能源汽车动力蓄电池回收利用管理暂行办法》，旨在落实生产者责任延伸制，将生产者的责任延伸至产品全生命周期，要求汽车生产企业承担动力蓄电池回收的主体责任，相关企业在动力蓄电池回收利用各环节履行相应责任，保障动力蓄电池的有效利用和环保处置。

2021年8月，工业和信息化部等五部委发布《新能源汽车动力蓄电池梯次利用管理办法》，明确梯次利用企业作为梯次产品的生产者，要落实生产者责任延伸制度；开展梯次产品全生命周期管理，确保全过程可追溯；推动产业链上下游完善协作机制，形成适应行业发展的商业合作与技术发展模式；建立梯次产品自愿性认证制度，发挥认证机制在市场中的导向性作用，培育骨干梯次利用企业，带动梯次产品质量、性能水平提升；协同推进梯次利用监督管理，推动形成有利于梯次利用行业健康发展的长效机制。

根据自愿认证的原则，2018～2022年上半年，共47家企业进入工业和信息化部符合《新能源汽车废旧动力蓄电池综合利用行业规范条件》的名单，俗称"白名单"。"白名单"制度进一步规范了梯次利用和再生利用制度，提升了行业的整体水平和利用效率。

2.落地实践

统计数据显示，截至2022年6月，全国从事动力电池综合利用业务的企业有百余家，在梯次利用和再生利用方面均有二十余家龙头骨干企业。据了解，目前全国回收的废旧动力电池中，近70%流入了这些龙头骨干企业。

（1）格林美：打造全生命周期循环链，建立完善回收渠道。

格林美于2001年成立，2010年1月登陆深圳证券交易所。公司专注于废弃金属、废旧电池、电子废弃物等物料的处理及回收，并从中提取钴、镍等贵金属，并最早提出"城市矿山"概念，是全国锂电池回收行业的龙头。

首先，格林美打造了"废旧电池报废回收—原料再制造—材料再制造—电池组再制造—再使用—梯次利用"的新能源全生命周期循环价值链，为后续的回收利用指明了方向。

其次，格林美在国内外建立了完善的回收渠道。从国内来看，格林美建立了武汉、天津、无锡、河南、深圳五大核心回收基地与梯次利用区域中心基地。从国外来看，格林美在匈牙利布局新能源汽车用高镍前驱体生产及报废动力电池循环回收项目。在客户合作上，格林美已经与大众、奔驰、丰田、长安、蔚来、威马、小鹏、亿纬锂能、孚能科技等550家汽车厂和电池厂建立了战略合作关系，获得了较为稳定、规模化的废旧电池回收来源，有助于巩固其在电池回收行业的龙头地位。

最后，为满足公司国际业务发展需要，格林美于2022年4月启动发行GDR，发行的GDR于7月28日在瑞士证券交易所成功上市交易，最终募集资金总额为3.81亿美元，获得了全球投资者的高度认可。

**（2）华友钴业：注重电池的全生命周期管理和连续性价值管理。**

华友钴业于2002年在浙江桐乡成立，2015年1月在上海证券交易所上市，主要布局国外的原始矿山，比如刚果的钴矿、印尼的镍矿、阿根廷和津巴布韦的锂矿等。其旗下子公司华友循环成立于2017年3月，主要从事新能源汽车废旧动力蓄电池回收利用，也就是所谓的"城市矿山"。总经理鲍伟年富力强、思路清晰、创新意识强，带领华友循环走出了一条快速发展之路。

华友循环率先提出了"芯安锂得"的全新循环理念，"芯安"是指退役电池安全回收、梯次产品安全使用、废旧电池安全处置，"锂得"是指科学提取镍钴锂锰等元素、返回正规渠道再利用。秉承这种理念，华友循环启用了锂电池全生命周期管理模式，围绕电池资产管理、电池售后管理、电池回收管理、电池梯次利用、电池再生利用五个环节进行连续性价值管理。

此外，华友循环还打造出梯次利用电池银行，以共同技术研发、共同运营、共用平台的方式与客户合作，双方数据共享、利润分享，梯次利用完成后的产品又回到华友循环的再生利用体系，确保最终合规化、安全化、环保化地回收利用。

我国的新能源汽车产业已经跑到了全球前列，而电池的循环再利用正好可以补上能源缺乏的短板，这将是一个万亿级别的蓝海市场。但电池拆解不便、电池健康度残值未知、经济效益较低是挡在企业面前的三大难题。随着我国新能源市场的高速发展，梯次回收企业将不断推行规模化实践，产业链上下游也将加强联动、融合创新，相信在国家相关政策的指导和规范下，一定能共同推动废旧动力电池回收利用行业的高质量发展。

CHAPTER 6
第 6 章

# 汽车充换电的技术精髓

## 6.1 电动汽车充电的基本知识

近年来,工业和信息化部、国家能源局等部门多次明确要求积极支持充换电商业模式创新,助力实现"碳达峰""碳中和",电动汽车充换电基础设施已被列为国家新基建的七大重要领域之一。随着电动汽车的普及率越来越高,街上目所能及的绿牌车也越来越多。电动汽车产业发展势头迅猛,补能续航已成市场刚需。

普及电动汽车的前提是普及电动汽车充电的相关知识。那么作为新时代的换电人,有哪些知识点是必须了解的呢?

### 6.1.1 充电原理

电动汽车的核心是电池组,目前市面上的电动汽车主要采用锂电池作为动力装置。充电时,锂离子从正极脱离出,嵌入负极,电能转化为化学能;放电时则正好相反,锂离子从负极脱出"游向"正极,化学能转化为电能(见图6-1)。

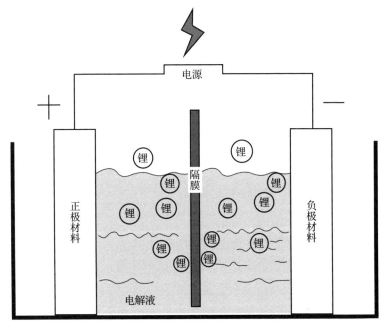

图6-1 锂电池充放电原理示意

推动锂离子来回游动的就是电流。电流又分为直流电和交流电两种。直流电指方向不随时间发生变化的电流,交流电指大小和方向随时间发生周期性变化的电流(见图6-2)。直流电有正负极且不能互换,因此可以储存,锂电池就是储存电能的介质之一；交流电没有正负极，因此电能不能直接被储存，只能根据用电情况进行实时发电。

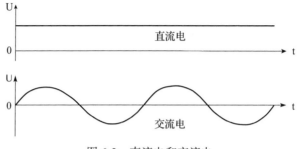

图 6-2　直流电和交流电

电网传输的是交流电，锂电池充电需要的是直流电，因此电动汽车充电的原理就是利用充电机将电网传输的交流电变成可供锂电池使用的直流电，并调整输出的电压或电流（见图 6-3）。

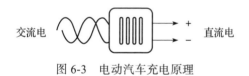

图 6-3　电动汽车充电原理

我们平时用的手机充电器就是一个微型的充电机（见图 6-4）。电动汽车充电机原理与手机充电器是一样的，不同的是电动汽车的电池容量和体积比手机的要大很多，因而辅助功能也比较多。

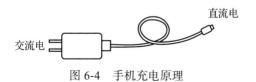

图 6-4　手机充电原理

### 6.1.2 充电机与充电枪

电动汽车的充电机分为车载式和非车载式。车载式充电机是由汽车制造商安装在车身上的成品,其原理和手机充电器一样,但对接口的技术要求较高;非车载式充电机不是车辆本身的总成件,相比之下规格品种更多,体积更大,技术更复杂。

如果说电动汽车的充电机相当于手机的充电头,那么电动汽车的充电枪就相当于手机的充电线。充电枪按车载电池接口不同,又分交流充电枪和直流充电枪。通常情况下,交流充电枪用来与车载式充电机对接,而直流充电枪则用来与车载动力电池对接。目前市面上所有的充电枪均采用国家标准制造。

### 6.1.3 充电速度

基于充电安全性规定,交流充电枪与车载充电机对接时,功率不能高于7kW,即1个小时只能充7度电,也就是说,如果电动汽车配备70度的电池,从空电到充满电最少需要10个小时。这种充电方式速度较慢,俗称慢充(见图6-5)。

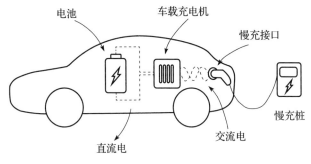

图6-5 慢充模式

与慢充相比，快充的充电速度提升了数倍。快充与慢充之间的区别就是快充的充电机模块在快充桩内，而慢充的充电机在车内（见图6-6）。目前快充桩的充电机功率最大已做到350kW，充电时间基本在20分钟以内。但快充是有条件限制的，并不是所有的电动汽车都能使用快充。比如某些插电式混合动力汽车，由于配备的动力电池的容量太小，就只能选择慢充。一般使用快充的都是充电机功率较大且动力电池能接受大功率充电的车型，配备磷酸铁锂、三元电池的电动汽车都符合这一条件。

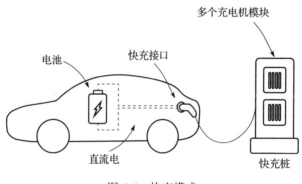

图6-6 快充模式

无论电动汽车选用哪种充电方式，其充电过程都是极其复杂的，充电时间的计算更是十分困难。电动汽车的充电速度一般用充电功率来表示，功率越大，充电速度越快，功率的计算公式是：充电功率 = 充电电压 × 充电电流。在电流恒定的情况下，电压越高则功率越大，相应的充电速度也就越快（充电功率变化如图6-7所示）。

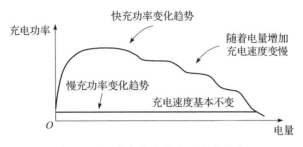

图 6-7　快充与慢充的充电功率变化

例如比亚迪汉 EV 四驱版电池容量是 77kW·h，续航 550 公里，额定电压是 570V，这个额定电压值比行业标准参数要高出不少，因此在较小电流的情况下也能完成大功率快充。通过高压充电技术，比亚迪汉 EV 能长时间维持 100kW 的大功率充电（即每小时可以充电 100 度），电量由 30% 充电至 80% 仅需 25 分钟。

频繁快充会加速电池电芯极化，导致电芯析锂，锂离子减少，容量下跌，电池寿命缩短。不过，在快充之后让锂电池短暂休息，锂金属会重新变回锂离子，临界温度也会恢复到正常的数值。为了让电动汽车用得更久，车主应尽量选择合理的充电方式，例如日常情况使用慢充，紧急情况使用快充，或者每周给汽车电池慢充一次进行电池补能。

## 6.1.4　直流电和交流电趣史

电影《电力之战》讲述了第二次工业革命背景下，直流电与交流电在社会普及应用中的竞争故事。实际上，历史上的"电流大战"远比电影中曲折复杂得多。

托马斯·爱迪生（Thomas Alva Edison），1847 年出生于美国俄亥俄州，是世界上著名的发明家、物理学家、企业家，被誉为"发明大王"。19 世纪下半叶，爱迪生发明了直流电（DC），并在 1879 年创办了爱迪生电力照明公司。1880 年，白炽灯开始进入市场，十几年后，汤姆·休斯顿公司与爱迪生电力照明公司合并成立了通用电气公司（GE），开始了在电气领域长达一个世纪的统治。

尼古拉·特斯拉（Nikola Tesla）于 1856 年出生于南斯拉夫克罗地亚的斯米良。1880 年他毕业于布拉格大学，之后去了耶鲁大学和哥伦比亚大学深造，并取得了名誉博士学位。1882 年，在爱迪生发明直流电后不久，特斯拉发明了交流电（AC）。

在特斯拉的前雇主查尔斯·巴切罗的极力举荐下，爱迪生雇用了特斯拉，从此特斯拉开始了在爱迪生公司的研究生涯。但很快两人便产生了分歧。爱迪生推崇直流电，他认为直流电比交流电更好用、更安全。直流电的特点是电流高而电压低，输配电线路成本高，不适合长途传输且电价较为昂贵。而特斯拉更看好交流电，他认为交流电更适合向用户供电。交流电与直流电正好相反，它的电流低而电压高，输配电线路成本较低，很适合通过变压器长途变压输电。

1885 年，特斯拉离开了爱迪生，次年成立了自己的公司，两人彻底分道扬镳。直到他们去世，这场电流大战也没能分出胜负。实际上，直流电和交流电各有所长，在社会各个领域中都有广泛的应用，它们之间的关系是并存互补而不是水火不容。

## 6.2 家庭桩占主流的"慢充"

电动汽车由内燃机驱动转变为电驱动,最明显的变化就是发动机和油箱分别被电机和电池所取代。传统燃油车的能源补给方式是加油,而电动汽车的补给方式则是给电池充电或更换电池,具体来说有四种方式:慢充、快充、无线充电、换电。本节内容主要介绍慢充。

### 6.2.1 慢充的原理

慢充(Slow Charging),又叫交流充电,即利用交流充电桩的充电接口,把电网的交流电输入电动汽车的慢充口,然后通过OBC(On Board Charger,准确来说指的是"车载充电器",一般是低功率充电机),将其转化为电池所需的直流电,给动力电池充电。OBC是由功率因数校正器(Power Factor Correction,PFC)和隔离DC-DC组成的AC-DC转换器,功率可达22kW(见图6-8)。

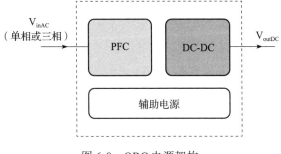

图 6-8 OBC 电源架构

DC-DC 变换器可以将一种直流电变换为另一种直流电，主要对电压、电流实现变换。根据功能不同，DC-DC 变换器又分为单向 DC-DC 和双向 DC-DC。单向 DC-DC 的能量只能单向流动，而双向 DC-DC 指保持变换器两端的直流电压极性不变的前提下，根据需要改变电流的方向，从而实现能量的双向流动。具体应用上双向 DC-DC 既可以实现能量回收，又可以实现车辆给电网送电（Vehicle-to-Grid，V2G）。

## 6.2.2 OBC 的作用

慢充的最大充电功率取决于 OBC 的功率大小，汽车行业标准 QC/T 895-2011 规定，车载充电机额定输入电流分 10A、16A 和 32A 三档，这三档的额定输入功率是 2.2kW、3.52kW 和 7.04kW。OBC 作为一个功率型器件，其成本与功率成正比，而且设备安放空间有限，因此 OBC 的充电功率并不会做得很大。同时，考虑到损耗等原因，输出功率不可能大于输入功率，而且国家规定了相应的功率因数和充电效率，所以市面上最常用的 OBC 功率一般为 1.5kW、3.3kW 和 6.6kW，这三个功率主要适用于单相电源（也就是我们家用的 220V）。而通过将单相电源修改为三相供电（也就是工业用电的 380V），OBC 的功率水平可达 22kW，充电速度更快。

慢充的 OBC 安装在车内，从而将交流电转换为直流电。OBC 的缺点是受电动汽车的空间所限，功率较小，输出充电电流小，充电时间较长，主要供日常通勤使用，车主可在晚上休息期间给汽车补足电量。

## 6.3 公共桩占主流的"快充"

快充（Fast Charging），又叫直流充电，是把电网的380V三相交流电转化成直流电输送到电动汽车的快充口，直接给电池进行充电。与慢充不同，快充的交流电转直流电的过程是在外置充电桩上完成的，充电功率完全由外置充电桩决定（见图6-9）。

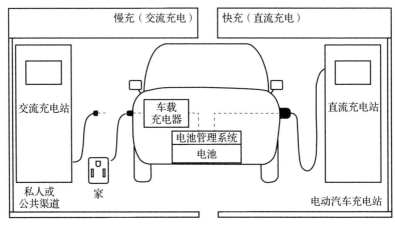

图6-9 慢充和快充

与交流充电桩相比，直流充电桩提高了充电效率，充电速度快，主要适用于那些对充电时间要求较高的场景，如出租车、公交车等，一般安装于集中式的充电站或加油站。但直流充电设备投资和引电施工等成本较高，同时大电流充电容易缩短电池寿命。

目前，市场上的直流桩以60kW和120kW居多。一般按照模块（通常每个模块15kW）的叠加数量来表示充电桩的容量，

60kW 就是装了 4 个模块，120kW 就是装了 8 个模块，以此类推。

快充又分为高电流快充和高电压快充，这两种方式的本质都是为了提高充电功率，下面我们来分别介绍一下这两种快充方式。

## 6.3.1 高电流快充

高电流快充，顾名思义就是保持电压不变，以大电流进行充电，通过大幅增大电流的措施来提高充电功率、缩短充电时间的快充方式。这里涉及一个概念：充放电倍率（C-rate）。

充放电倍率又叫 C 倍率，指电池在规定的时间内放出其额定容量时所需要的电流值，它在数值上等于电池额定容量的倍数，可以用来衡量锂电池充放电速度的快慢。如果电池容量是 10Ah 的，1C 指 10A 的电流充放电，3C 指 30A 的电流充放电，0.3C 指 3A 的电流充放电。

目前快充中以高电流为代表的经典车型是特斯拉。特斯拉的超级充电站被认为是全球充电速度最快、布局最广的充电网络之一，其已在全球建设超过 3.5 万根超充桩。截至 2022 年上半年，特斯拉在中国已建设超充站超过 1200 座，超充桩达 8700 根，覆盖全国超过 370 个城市。

特斯拉的 V3 超充桩充电电压为 400V，电流为 640A，充电峰值功率 250kW。如图 6-10 所示，特斯拉 Model 3 使用 V3 超充桩，电量从 20% 充到 80% 仅需 25 分钟左右。

特斯拉的下一步计划是推出 V4 超充桩，届时电流将达到 900A，充电峰值功率将达到 350kW。

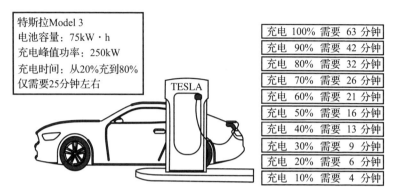

图 6-10　特斯拉 Model 3 使用 V3 超充桩的充电速率

根据焦耳定律 $Q=I^2Rt$，随着充电电流的增大，热能的损失也会提高，因此在高电流快充设备上还需要配置热管理系统来解决散热和降温的问题，如此一来成本也相应地增加了。因此特斯拉超充的定价机制是超充桩的功率越高（即充电速度越快），收费也越高。目前国内特斯拉 V2 超充价格普遍在 1.6 ~ 2 元 /kW·h 之间，V3 超充价格在 2 ~ 2.5 元 /kW·h 之间。这也意味着在特斯拉 V4 超充推出后，车主将支付更高的充电费用。

在国内，《电动汽车传导充电系统》规定，直流充电输出电流范围优先选择 80 ~ 250A。目前市面上的电动汽车大多搭载 400V 电压平台，快充倍率在 1C ~ 2C 之间，对应充电时间为 0.5 ~ 1 小时。据此计算，我国的电动汽车峰值充电功率约为 250A × 400V=100kW。一些优秀的锂电池企业也在不断进行技术攻坚，希望能研发出更高效的方法来提高充放电倍率。

2021 年 9 月，广汽埃安 AION V Plus 正式上市，该车型搭载了 3C 高倍率快充技术，最大充电电流 522A，标称电压 414.4V，峰值充电功率超过 200kW。这项快充技术可实现 0～80% 电量充电时间 16 分钟，30%～80% 电量充电时间 10 分钟，完全媲美特斯拉第三代超充技术的充电速度。

AION V Plus 的 3C 高倍率快充电池组由广州巨湾技研有限公司研发。它成立于 2020 年 9 月，是一家由广汽集团牵头，广汽资本、广汽研究院石墨烯技术团队与第三方战略伙伴持股平台共同出资发起成立的高科技公司。该公司专注于先进储能器的研发与生产，致力于为广大客户提供超级快充动力电池，新一代突破性储能技术产品、服务和解决方案，是国务院国资委认证的"双百企业"[⊖]。

## 6.3.2 高电压快充

高电压快充就是保持电流不变，主要通过提升充电电压的措施，来提高充电功率。目前主流电动汽车的电压范围一般为 230～450V，取中间值 400V，统称为 400V 系统。但在高充电功率的需求下，400V 的高压系统明显不够用，于是各大车企都纷纷转向 800V 高压快充平台。在电流不变的情况下，将电压从 400V 提高到 800V，大幅提高了充电功率，缩短了充电时间。

2022 年可以说是高电压快充元年。针对 800V 高电压车型，海外品牌开始强势布局，国内市场也快速跟进，截至 2022 年上半年，已上市的 800V 车型除了高电压快充的经典品牌保时捷

---

⊖ 2018 年，国务院国有企业改革领导小组选取百余户央企和百余户地方国有骨干企业（简称"双百企业"）进行混合所有制改革。

Taycan 以外,还有现代、北汽新能源、广汽、小鹏、比亚迪等车企旗下的各大品牌(见表 6-1),奔驰、宝马、沃尔沃、本田和通用也预计将在 2024 年后推出 800V 平台。

表 6-1　已上市的 800V 高电压快充车型

| 车企 | 品牌 | 上市时间 | 充电功率(kW) |
| --- | --- | --- | --- |
| 保时捷 | Taycan | 2019 年 | 350 |
| 现代 | 起亚 Ioniq-5 | 2021 年 /2023 年 | 220/260 |
| 北汽新能源 | 极狐阿尔法 S | 2021 年 4 月 | 250 |
| 广汽 | AION V Plus | 2021 年 9 月 | 480 |
| 小鹏 | G9 | 2022 年 9 月 | 480 |
| 比亚迪 | Ocean-X | 2022 年 | 228 |

值得注意的是,广汽 AION 是一款同时采用高电流快充和高电压快充的车型。它的 3C 版本使用的是高电流快充技术,而 6C 版本则同时采用了高电流快充和高电压快充两种技术,将 30%～80% 的充电时间缩短至 5 分钟,真正实现了媲美加油的速度。表 6-2 是广汽 AION 的 3C 和 6C 版本对比。

表 6-2　广汽 AION 的 3C 和 6C 版本对比

| 指标 | 3C 超级快充 | 6C 超级快充 |
| --- | --- | --- |
| 电池容量 | 72.1kW·h | 71.6kW·h |
| 最大充电电流 | 522A | 556A |
| 标称电压 | 414.4V | 769.6V |
| 0～80% 充电时间 | 16 分钟 | 8 分钟 |
| 30%～80% 充电时间 | 10 分钟 | 5 分钟 |

800V 高电压方案的实现使充电功率突破了 400kW,电动汽车补能变得像燃油车加油一样只需要短短的几分钟,高效又快捷。但从 400V 提升到 800V 是一个系统工程,首先车辆

的相关零部件需要完成从适配 400V 到适配 800V 的升级，如表 6-3 所示。

表 6-3 从适配 400V 到适配 800V 的器件升级

| 部件 | 当前低压架构 | 高压架构 |
| --- | --- | --- |
| 电池包 | √ | ↑ |
| 电驱动 | √ | ↑ |
| PTC | √ | ↑ |
| 空调 | √ | ↑ |
| 车载充电机 | √ | ↑ |
| 直流线缆 | √ | √ |
| 其他线缆 | √ | √ |

注：√：器件完全相同 ↑：器件需新选型。

其次是技术升级所带来的成本增加。以锂电池为例，其成本约占整车成本的 40%～60%，从 400V 的电压提升至 800V，相当于把电池的充电功率翻倍，这需要在正极、负极、电解液等方面同时进行性能优化。再比如功率器件绝缘栅双极型晶体管（Insulated Gate Bipolar Transistor，IGBT），俗称电力电子装置的"CPU"，是能源变换与传输的核心器件，其成本约占整车成本的 7%～10%，是除电池以外成本第二高的元件。在 400V 的高压平台下，功率半导体的材料多为硅基 IGBT，但为了满足 800V 高压平台的需求，需要将其升级成碳化硅材料，成本比之前高出了 2～3 倍。

尽管如此，800V 高电压快充的优势还是显而易见的，在充电功率相同的情况，800V 高电压快充架构下的高压线束更小，成本相应降低，电能损耗也会相应减少，热管理的难度相对也低一些，整体电池成本更优。

相较于高电流快充来说，800V 高电压快充在成本、效率、技术等方面的优势更加明显，目前已成为电动汽车快充的主流技术路线，有望进入快速放量期。华创证券测算，2025 年和 2030 年 800V 高电压快充行业市场规模分别有望达到 324 亿元和 878 亿元，高电压快充有望成为下一代补能的最佳方案，从而真正解决电动汽车续航焦虑的核心痛点。

## 6.4 走出实验室的"无线充电"

电动汽车无线充电（Wireless Charging）是指利用无线感应充电装置给电动汽车充电，即在车辆底盘安装能量接收装置，通过地面上的能量发射装置，将电能输送到能量接收装置，再充进锂电池之中，如图 6-11 所示。

图 6-11　电动汽车无线充电

## 6.4.1 三大优点

### 1. 便捷性

相比于有线充电,无线充电的最大优点是便捷。在无线充电模式下,司机只需要将车辆停在指定的位置,不需要下车,甚至不需要进行取枪充电的操作就能完成充电。

### 2. 安全性

电动汽车的自燃往往发生在充电的过程中,而无线充电由于不存在电气连接,在很大程度上避免了插拔充电枪时可能产生的电火花,大大提高了车辆安全性。

### 3. 前瞻性

在未来,智能化高度发达,无人驾驶将逐渐取代人工驾驶,智能系统将取代人类成为车辆行驶的主导者。要彻底解放双手,摆脱手动插拔充电枪的束缚,就必须将无线充电技术作为标配植入到无人驾驶汽车之中,从而实现真正的无人驾驶。

## 6.4.2 两种技术

目前的无线充电主要有电磁感应和磁共振两种技术。下面将一一分析两者的原理及应用。

### 1. 电磁感应式充电

1831年,电学之父、英国物理学家迈克尔·法拉第(Michael Faraday)发现了磁与电之间的相互转化关系。只要穿过闭合电路的磁通量发生变化,闭合电路中就会产生感应电流,这种利用磁场产生电流的现象被称为电磁感应,这也就成了电磁感应式充电技术的理论基础。

电磁感应式充电利用地面的充电装置和车上的接收装置产生的电磁感应来进行电力传输,如图 6-12 所示。

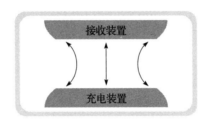

图 6-12　电磁感应式充电

电磁感应式充电技术原理简单,技术成熟,转化效率较高,成本较低。但缺点是功率小,传输距离较短(0 ～ 10cm 左右),定位精度要求较高,只能对准线圈一对一进行充电。电磁感应式充电技术主要应用于手机,在电动汽车领域也有一定应用,宝马、奔驰、奥迪、沃尔沃等的无线充电大都使用了此项技术。

目前世界上电磁感应式充电技术的主要研发机构有美国的 Evatran 和加拿大的庞巴迪。

Evatran 的总部位于美国弗吉尼亚州的里士满,其曾与丰田、特斯拉合作研发无线充电系统,其无线充电品牌为 PLUGLESS。目前该公司 75% 的股权由我国的浙江万安科技所有,双方在国内成立了合资公司。

庞巴迪的总部位于加拿大魁北克省蒙特利尔,主要致力于巴士车的无线充电技术应用,目前已在德国曼海姆、柏林等地区开通了电动巴士无线充电服务,主要利用巴士在终点站的停留时间完成充电。庞巴迪的无线充电品牌为 PRIMOVE,可以实现 200kW、400kW 两种功率充电。

2. 磁共振式充电

磁共振式充电是 2006 年由美国麻省理工学院开发的一项技术,采用发射线圈和接收线圈两个相同频率的谐振回路来产生很强的相互耦合电磁场,能量在两个谐振回路间交互,如图 6-13 所示。

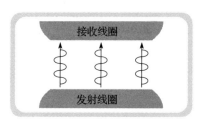

图 6-13 磁共振式充电

磁共振式充电实现了一对多的充电模式,功率大,传输距离更远(可达到几米),且不需要精确定位,缺点是能量传输损耗高。目前世界上的主要研发机构是 WiTricity 和高通。

WiTricity 起源于麻省理工实验室,总部位于美国麻省波士顿,目前已与丰田、本田、日产等车企达成合作,共同进行无线充电研发。此外,WiTricity 还与通用汽车一起测试了无线充电系统,并准备将这套系统应用在雪佛兰 Volt、Bolt 两款车型上。

高通的总部位于美国加利福尼亚州圣迭戈,目前已研发出四种不同功率的样机以及解决方案,每套方案适用于不同车型

（插电式混动车型、纯电动车型）以及不同应用场景（公共充电、家庭充电）。高通的无线充电品牌 halo，其产品应用于安全车宝马 i8 以及医疗车 i3。

2020 年，基于 WiTricity 开发并获得专利的磁共振无线充电技术，中国电力企业联合会（CEC）批准并发布了一套电动汽车无线充电国家标准，包括《通用要求》《车载充电机和无线充电设备之间的通信协议》《特殊要求》和《电磁环境限值与测试方法》四项内容。

### 6.4.3 实际应用分析

随着智能化的高度发达，汽车的无线充电技术已不再只存在于实验室工程师的对话里，全球各大车企都争相加入了这项技术的研发角逐，其中最有代表性的是 Stellantis、沃尔沃和比亚迪。

1. Stellantis：无限续航不是梦

2021 年 1 月 16 日，法国标致雪铁龙公司（PSA）和菲亚特克莱斯勒公司（FCA）以 50∶50 的股比合并成立了全新的集团 Stellantis，该集团成为全球第四大汽车企业，旗下拥有标致、雪铁龙、菲亚特、克莱斯勒、道奇、阿尔法罗密欧和玛莎拉蒂等众多汽车品牌。

2021 年年底，Stellantis 启动了可以为车辆进行无线充电的高速公路测试项目——未来竞技场（Arena del Futuro）。该项目的测试地点位于意大利米兰和布雷西亚之间的 A35 高速公路旁，试验道路总长 1.05 公里，下方埋有电线以及无线充电的发射装置。该项目的主要目的是测试 Stellantis 研发的动态无线电力传输技术（DWTP），这种技术能够让车辆在快速行驶的过程中保持恒定高速的充电效率。

测试结果表明，Fiat 500e 车型在这条路上高速匀速行驶时，移动充电的速度已达到充电桩快充水平，因此不管开多久，电池组电量都不会下降。依托于 5G 连接、物联网和人工智能，高速行驶的电动汽车与电网保持了很好的即时协作，换言之，在一定的适配条件下，通过无线移动充电来达到电动汽车的无限续航将不再遥不可及。

2. 沃尔沃：初试牛刀

2022 年 3 月，总部位于瑞典哥德堡的沃尔沃（控股股东为中国吉利）在哥德堡测试了一项最新技术，可说是沃尔沃在无线充电技术领域的牛刀初试之作。

该测试使用了 6 台具有无线充电功能的 XC40 RECHARGE 出租车，这些车辆每天工作 12 小时，每年行驶超过 10 万公里。车辆需要充电的时候，只需行驶到指定地点的充电板上，就可以开始正常充电，沃尔沃汽车可使用 360° 全景影像让汽车与无线充电装置对齐。

值得注意的是，这些测试车辆的无线充电功率可达到 40kW，在充电功效上与 50kW 充电桩差不多，充电速度远超 11kW 交流充电桩，无线充电 30 分钟便能增加约 100 公里的续航里程。

### 3. 比亚迪：先专利后落地

2022年3月26日，比亚迪公开了"无线充电方法、装置和系统"的专利。摘要显示，该专利能够实现电池组的快速安全充电，包括获取电池组在充电状态下的充电参数，基于所述充电参数调整给所述电池组充电的电流脉冲宽度，基于所调整的充电电流脉冲宽度确定无线充电发射器需要传输给所述无线充电接收器的电能，将关于所述无线充电发射器需要传输给所述无线充电接收器的电能的信息发送给所述无线充电发射器。

2022年6月10日，比亚迪再次获得"无人驾驶电动车的充电管理方法、装置及系统"的专利授权。摘要显示，该方法包括向待充电汽车发送响应消息，用于响应汽车的预约充电请求。若检测到待充电汽车驶入充电区域内时，触发对待充电汽车进行无线充电；在充电过程中，获取充电时间，结合预设策略进行充电管理。本发明能实现充电智能化，待充电汽车能够自主获得公用充电设施的占用或空闲状态情况，充电过程不需要人力协助，并能有效避免充电过程受环境影响，提升充电效果。

实际上，早在2005年，比亚迪就已开始进入无线充电技术的研究领域，目前已获授权的两项专利也表明了比亚迪未来将深耕于此的决心。

无线充电技术给电动汽车提供了一种更安全、更便捷的新补能方式，经过调查发现，在有无线充电技术的情况下，消费者对电动汽车的购买意向从35%提高到59%。尽管目前无线充电还存在着成本高、充电速度慢、充电效率低、兼容性低等各种问题，但随着应用技术的发展与标准的完善，无线充电的运用领域会越来越广阔，未来也必将打造出全新的增长引擎。

## 6.5 "强势"的换电技术

电动汽车换电并不是一项新技术，早在2008年，以色列的Better Place就已建成世界上首座自动换电站，将理论变为现实。经过这些年的市场洗礼，我国在换电模式上已经拥有了较为成熟的体系化运营经验。

我国早在北京奥运会、上海世博会和广州亚运会期间就开展了新能源公交车的换电模式示范运行项目，并开发和验证了新能源公交车换电技术。后来国家电网首先在新能源乘用车领域进行换电技术研究，提出了"换电为主、插充为辅、集中充电、统一配送"的商业运营模式，完成相关技术储备和出租车换电试点，首次提出并验证了"车电分离，里程计费"的商业模式。

### 6.5.1 换电本质

电动汽车换电（EV Switching），是指通过集中型充电站对大量电池集中储存、集中充电、统一配送，并在电池配送站内对电动汽车提供电池更换服务或者集电池的充电、物流调配、换电服务于一体。通俗地说，就是将充电过程和电动汽车的运行分离开来，利用换电站将缺电电池更换为满电电池，从而实现电动汽车的能源补给。

换电模式的本质是挖掘动力电池全生命周期价值，与充电模式相比，换电模式在提高补能效率、延长电池寿命和电网削峰填谷等方面都具有明显的优势。

首先，在换电模式下，电动汽车的动力电池更换全程不超过五分钟，补能效率大大提升，运营车可节省时间成本约 80 元 / 天或者 2.4 万元 / 年，重卡可节省时间成本约 150 元 / 天或者 4.5 万元 / 年。

其次，在换电模式下，电池由专业人士控制管理，电池寿命可延长 30%～60% 且养护成本更低，退役电池还能进行整包合理回收和梯次利用，为储能系统运转奠定了基础。

最后，换电模式还能通过削峰填谷来提升电网的运输效率和盈利能力。

同样地，换电模式的缺点也不可忽视，换电站前期投入成本高，换电站的建设除了用地、人力、换电设备购置等方面的成本外，还需要巨额的电池储备成本和电池充电、用电成本。

### 6.5.2 三大换电方式

目前主流的换电方式有三种：分箱换电、侧方换电和底盘换电，如图 6-14 所示。

分箱换电的代表企业是伯坦科技、力帆盼达。伯坦科技全自动撬装式分箱换电系统能够将大电池分箱标准化，具有自动、半自动、人工辅助三种换电操作模式。

侧方换电的代表企业是时空电动，该公司主打产品为结合停车、充电、换电三位一体化的立体车库运营模式。

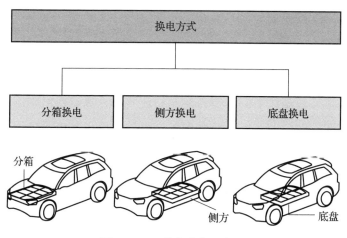

图 6-14 三种主流换电方式

底盘换电的代表企业是蔚来和北汽新能源,蔚来主要服务于蔚来等私人乘用车用户,北汽新能源主要服务于商业出租车用户。底盘换电不改变车体前后轴重量,有利于保障汽车安全性及运行特性,可实现全自动化换电,换电速度更快,且操作的标准化程度较高,安全保障性高,是目前换电的主流模式。目前约 80% 的车型采取底盘换电。

三种换电方式的对比如表 6-4 所示。

表 6-4 三种换电方式对比

| 对比项目 | 底盘换电 | 侧方换电 | 分箱换电 |
| --- | --- | --- | --- |
| 自动化程度 | 全自动 | 半自动 | 半自动 |
| 换电时间 | 5 分钟 | 5～10 分钟 | 5～10 分钟 |
| 换电成本 | 高 | 较高 | 低 |
| 操作标准化 | 易实现 | 不易实现 | 不易实现 |
| 代表企业 | 蔚来、北汽新能源 | 时空电动 | 伯坦科技、力帆盼达 |

### 6.5.3 换电产业链

换电产业链上游由电池供应商、换电设备供应商、配套基础设施供应商组成，分别负责提供对应应用范围的动力电池和换电站设备等；中游主要为换电站运营商，负责换电站的搭建和运营，面向市场提供换电服务；下游主要由换电服务用户组成。其他相关产业包括电池回收利用厂商、线上换电应用程序开发商、地图及导航提供商等。简言之，换电产业链即为换电站+运营端+车辆端（见图6-15）。

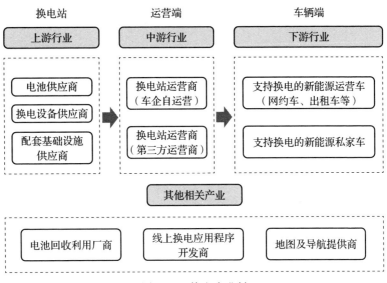

图6-15 换电产业链

作为产业链中的关键一环，换电站集电池的充电、物流调配、换电服务于一体，主要由换电单元、供电单元和控制单元三部分组成。换电单元是换电站的核心组成模块，主要由电池箱、充电柜、换电设备、机械臂等硬件组成，为换电站提供满电电池包并完成换电操作；供电单元是换电站的配套模块，主要由电站、高低压柜和变电器等电力相关设备组成，为换电站提供电力；控制单元是换电站的运营管理平台，主要由运营服务平台、服务器、交换机等计算机设备组成，是换电站的控制与监控模块。

目前，我国换电站主要由蔚来、奥动、伯坦科技三家企业建设。截至 2022 年 12 月，蔚来和奥动换电站的建设规模分别为 1300 座和 565 座，伯坦科技以 108 座排名第三。预计到 2025 年，全国新建换电站至少 2 万座，将形成超过 300 亿元的设备市场空间。

### 6.5.4 安全要求

2021 年 4 月，《电动汽车换电安全要求》国家标准正式发布，并于当年的 11 月 1 日正式实施。该要求明确了换电车辆的一般安全要求、整车安全要求及系统部件安全要求，并给出了相应的试验检测方法。通过分析不同技术方案差异、车辆实际运行场景及运行数据，分别规定了 5000 次（卡扣式）和 1500 次（螺栓式）的最低换电次数要求，以确保用户在车辆设计使用寿命内换电时的机械安全。2022 年，《2022 年汽车标准化工作要点》发布，进一步推进了换电相关产品、技术的标准化统一，为国内换电市场发展起到了重要的推动作用。

可见，换电模式的相关政策正在不断完善，换电技术也在日趋成熟，在政策的大力推动下，各方一致看好换电赛道的发展。在"双碳"目标的推动下,换电技术必将继续强势前行,换电行业的渗透率也将稳步提升,汽车换电时代已揭开序幕,形势大好!

## 6.6　向左走,向右走:快充还是换电

自从电动汽车迈入规模化发展阶段之后,围绕电动汽车补能的路线之争就从未停止。以特斯拉为代表的"快充模式"和以蔚来、吉利为代表的"换电模式",两大技术路线的竞争日趋白热化,快充持续火爆,换电乘风而起。

一个向左,另一个向右,快充和换电谁才是电动汽车续航的最优解?谁又将开启新能源补能市场的新纪元?要回答这些问题,就必须先从补能方式各自的优劣说起。

### 1. 补能时间

在快充模式下,需要1～3小时才能把电池充满,而在换电模式下,这个过程一般只需要3～5分钟,足以媲美加油站的加油效率。

### 2. 电池寿命

快充的电压一般都是大于电池电压的,这就要求动力电池具有更高的耐压性和保护性,同时,充电电流是常规充电电流的十倍甚至几十倍,因此快充模式的高电压、大电流实际上是以减少电池的循环寿命为代价的。而在换电模式下,换电站会对换下来的缺电电池进行集中慢充,虽然耗时较长,却能有效

避免电池电量的衰减，有利于延长电池的使用寿命。

### 3. 购车成本

在快充模式下，用户需要同时购买车架和电池；在换电模式下，用户可以只购买车架，对动力电池（占整车成本的40%～60%）则可以采取租赁的方式，这就大大降低了购车成本，非常有利于电动汽车在人众中的推广。

### 4. 安全性能

快充模式下，充电桩与汽车的接口和通信协议都是标准化的，充电技术已经非常成熟，发生安全事故的概率很低；换电模式作为一种新型的能源补给方式，一些技术标准还没有统一，运营模式也有待完善，风险相对较高。

### 5. 建设成本

快充充电桩体积相对较小，安装、建设比较灵活，目前很多地方都出台规定，要求新建小区建设充电桩或预留充电桩位。换电模式前期投入巨大，单个换电站址的成本高达500万元，这还不包括土地租金和人工费等。另外，换电站不仅需要配备不同型号的电池，还必须储备足够的电池，电池数最好达到站点可能服务车辆数的1.5倍。

### 6. 规模效应

快充由于其产业链的高度标准化，可在较短的时间内带来充电量和充电频次的规模化和经济效益的改善；换电模式由于目前汽车电池的标准化程度较低，短期内难有规模效应。

7. 适用范围

快充充电桩已有国家标准，充电接口、安全标准、通信协议等已标准化，理论上适用于所有车型；换电模式需要换电电池与电动汽车电池箱的尺寸和形状相匹配，但不同车辆的电池箱体是不一样的，因此换电模式适用的车型相对有限。

8. 电网影响

快充基本在白天进行，大量的车辆同时快充势必给电力系统和扩容带来巨大的压力；在换电模式下，换电站全天都在对电池进行集中充电，可充分利用波峰和波谷电量，避免大量车辆同时充电给电网带来的冲击，缓解扩容压力。

综上，鉴于快充和换电模式在车辆和电池适用范围、电网及土地资源要求、安全性能等方面的差异，预计未来五年内仍将延续充电为主、换电为辅的市场格局。但换电模式在出租车、网约车、重卡和部分高端乘用车等领域的应用推广将明显加速，市场前景也非常值得期待。

CHAPTER 7
# 第 7 章

# 创新是发展的动力

## 7.1 从产业互联网看轻型车换电

时至今日,换电业务已经历了三年多的市场洗礼:2019年是轻型车换电的起步之年,用户的换电知识开始得到普及教育,各大换电企业对市场的论点论证逐渐成为主流;2020年换电业务达到了规模上量,各主流换电运营商已在各自优势区域攻城拔寨,市场硝烟四起,竞争格局初现;2021年则进入风口之年,各大企业陆续进场,资本跑步入局,商业模式快速更新迭代。而进入2022年,换电业务的用户习惯已基本养成,各大换电运营商的网络布局和用户规模已相对固定,业务发展模式和市场竞争格局也已非常明确。

可以预见，在今后数年甚至数十年里，换电市场将迎来爆发式的竞争和增长。但高速发展的温床也滋生出行业质量、安全监管、技术革新等一系列棘手问题。换电业务还很年轻，在未来产业互联网一统天下的格局面前，它仍须不断发展创新，以此来应对千变万化的市场需求。

### 7.1.1 上半场：三种模式

随着环境利好，越来越多的市场参与者开始布局和进入换电领域，可以说，换电业务的上半场已近尾声，商业模式已逐渐形成。目前市场上的主流商业模式有三种。

#### 1. 去库存

传统的电池生产厂家是换电业务的上游端口，很多厂家从事换电业务的初衷仅仅是为了解决电池的库存问题，这种模式缺乏长远的考量，线下的服务质量无法保障，后续的运营资金也无法续航。

#### 2. 资本变现

这是一种典型的跑马圈地式玩法，在这种模式下，企业必须在前期大规模投入各种资源，如铺网络、圈用户、做现金流等，但在目前换电市场的高度竞争态势下，这种快钱模式已是举步维艰，对应的企业估值也会迅速下滑。

#### 3. 重产品、重运营、重服务

换电市场是一个重资产投入的市场，市场的不成熟和绝大多数充换电企业所处的投入期决定了目前的绝大部分企业仍处于亏损状态，只有踏踏实实做产品，真真正正做运营，实实在在做服务，才能为市场和资本所接受，真正走上一条健康可持续发展之路。

除此之外，随着换电市场的不断成熟，还有许多新的商业模式也纷纷涌现。新商机和新模式带来了资本的大量投入，各大相关企业也陆续强势入驻。从目前的市场风口来看，轻型车换电商将形成"一超多强"的竞争局面：铁塔换电已在280个城市开展换电业务，成为全国最大的换电运营企业；部分城市或区域的优势运营商如这锂换电、智租换电、小哈换电等，也已具备了相当的用户规模。

巨大的市场潜能带来了无限商机，也同样带来了恶性竞争。换电市场是个微利的利基市场，电池和运营成本居高不下，目前市场每个月299元的常规定价尚不能盈利甚至很难盈亏平衡，个别企业却还在用低价恶性竞争策略来扰乱市场。图7-1为某换电App的促销定价。

| 不限次<br>（新骑手用户） | 月卡：99元<br>（5月31日截止） |
| --- | --- |
| | 季卡：398元<br>（5月31日截止） |

图7-1 采取低价营销策略的换电定价

这种行为不但严重破坏了市场环境，更造成了用户对换电价格的过度期待，非常不利于市场的良性发展。而深究原因，是这些企业试图以"先低价恶性竞争，打败对手圈住用户，再进一步垄断市场"的消费互联网模式来应对轻型换电业务的产业互联网模式,这是一种战略认知上的根本错误,很可能导致企业在商业布局和运营管理上出现一系列偏差,最终给自身的发展带来十分不利的影响。因此,明白何为消费互联网,何为产业互联网,二者之间又有何区别是非常重要的。

### 7.1.2 消费互联网与产业互联网

要理解什么是产业互联网,必须先理解什么是消费互联网。消费互联网是以满足消费者在互联网端的消费需求而产生的互联网类型,主要由为消费者提供生活服务的电子商务组成,可以说它是产业互联网发展的早期雏形。而在消费互联网发展的后期,随着网络化进程的服务对象逐渐从消费者转向企业,在为企业服务过程中产生收益,形成新的盈利模式,并形成相关的企业战略,这就是产业互联网。

消费互联网的基础是互联网,起飞靠流量,讲究的是资产轻、速度快、规模大。而产业互联网的基础是产业,起飞靠基础设施,讲究的是资产网络布局密、产品服务好。无论从哪个角度来看,二者的区别都是相当明显的。

1. 本质不同

消费互联网的本质是流量的集中和分发,主要停留在销售端。从成本角度看,消费互联网企业前期流量的单位获取成本很高,在现实中的表现就是高额补贴。随着流量上升,成本在边际上逐渐呈现下降趋势,直到临界点出现,边际成本开始趋向于零。从收益角度看则正好相反，流量在边际上呈现上升趋势，越到后期，流量的收益就越高。所以，消费互联网的创业逻辑大都是先形成流量，等到流量形成后，再实现变现。在扩大用户规模和降低用户获取成本后，消费互联网企业继而挖掘流量内涵，激活流量价值。

产业互联网的本质是在基础设施建构之上深入供给端，对接消费互联网的引流，提升整个产业的运营效率和客户感知。它是基于互联网技术和生态，对各个垂直产业的产业链和内部的价值链进行重塑和改造，从而形成的一种新的经济形态；它充分利用信息技术与互联网平台，充分发挥互联网在生产要素配置中的优化和集成作用，实现互联网与传统产业深度融合，将互联网的创新应用成果深化于国家经济、科技、军事、民生等各个经济社会领域，最终提升整个社会的生产力。

2. 效应不同

消费互联网注重网络效应，有三个典型特征。

第一，它的流量运营遵循著名的"梅特卡夫法则"（Metcalfe's Law），这是一个关于网络的价值和网络技术发展的定律，由乔治·吉尔德于1993年提出，以计算机网络先驱、3Com公司创始人罗伯特·梅特卡夫的姓氏命名。它指出网络的价值与联网的用户数的平方成正比，即网络的价值 $V=K \times N^2$（$K$ 为价值系数，$N$ 为用户数量）。这个法则表明，在网的用户越多，网络的价值越大，用户的需求也就越大，如图7-2所示。就像人与人之间的交际圈，交往越广泛，交际圈越大，交际圈越密切，该交际圈带来的价值就越大。

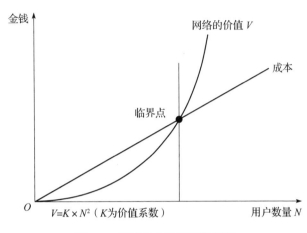

图 7-2　梅特卡夫法则函数图示

第二，它基于网络的自增益效应，即任何一个平台流量的构成——买方和卖方，只要一方增多，另一方就相应增多，形成双边正向循环。例如社交平台微信，如果它只有 1 亿用户，很有可能你只有 10% 的朋友在上面，但是如果有 14 亿用户，那么你的朋友 100% 都在上面。还有现在已是主流自媒体平台的抖音，发布短视频的博主越多，用户能看到的内容就越多，而观看的人越多，这些博主的热情度会越高。因此这些平台都是双边的、自增益的平台。

第三，它体现出典型的马太效应，即强者愈强、弱者愈弱。马太效应表现在互联网领域，就是强者愈强，不做到第一就没有机会。所以，马太效应在互联网商业模式中的表现就是赢家通吃，往往只有老大，没有老二。

产业互联网注重的协同效应（Synergy Effect），又称增效作用。协同效应原本为一种物理化学现象，是指两种或两种以上的组分相加或调配在一起，所产生的作用大于各种组分单独应用时作用的总和，由德国物理学家赫尔曼·哈肯于1971年提出，简单来说就是，协同使企业整体效益大于各个独立组成部分总和的效益，经常被表述为"1+1>2"。

与消费互联网不同，产业互联网中的角色通常不是双边的（即只有买家和卖家），而是多边的。例如换电业务体系涉及多个相互协同的主体：换电运营商、电池生产厂家、换电柜生产厂家、平台开发厂家等。其中换电运营商是这个体系的核心企业，它是产品的购买方，负责建设运营和承担风险，是整个体系的发起者、设计者和风险收益承担者；电池生产厂家作为子模块供应商，要整合电芯、BMS、相关零部件，并在组装后提供电池；换电柜生产厂家作为子模块供应商，要整合钣金、柜控系统、电源模块、屏幕、摄像头等，并在组装后提供换电柜；平台开发厂家作为子模块供应商，要根据客户和换电运营商的需求，开发易用的换电平台，供用户使用和换电运营企业进行管理。整个体系纵向延展，横向支撑，形成一条巨大的产业链。只有各个节点互相配合、上下协同，才能使这条产业链高效稳定地运转起来。换电模式产业链的整体架构如图7-3所示。

### 3. 核心价值不同

消费互联网通过商业渗透来挖掘市场需求，是横向延伸；产业互联网通过整合产业链上下游，最终解决产业链整体的供需匹配问题,是纵向深入。目前传统的消费互联网模式正在遭遇流量见顶、资本遇冷的瓶颈,其原因是批发流量的模式已经不能给参与企业带来更多的红利,其付出的引流成本所带来的收益已逐步减少。相对而言,产业互联网则必须深入供给端,让所有参与企业共享产业红利。图 7-4 展示了二者的核心价值。

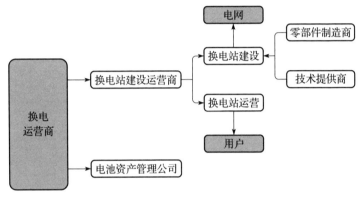

图 7-3 换电模式产业链整体架构

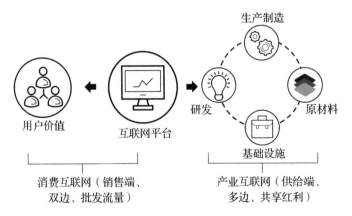

图 7-4 消费互联网和产业互联网的核心价值

综上所述，从长期来看，产业互联网将是对消费互联网的降维打击：它向下深扎产业，向上拥抱互联网，是消费互联网在实体经济和产业服务领域的延伸和必然，没有产业互联网，消费互联网只是空中楼阁。

### 7.1.3 如何做好产业互联网

**1. 从消费互联网转向产业互联网没那么容易**

以美团为例，2016年7月，王兴第一个提出了"互联网下半场"理论，认为互联网行业未来的发展将从过去C端的用户增长驱动转变为B端的产业链效率提升。与此同时，美团成立了为B端餐馆配货的"快驴进货"，对B端业务的布局就此展开。美团在骑手上的优势已经非常明显，但在"快驴进货"这个产业互联网业务上，资源却显得不足。它和第三方物流服务商合作，以快速扩张规模。随着更多玩家入场，自建物流网的诉求日趋明显。但国内餐饮产业链上下游分散，食材供应市场集中度低的现状短期内难以改变，"快驴进货"要找到一个好的可持续的商业盈利模式并非易事。美团联合创始人、前高级副总裁王慧文在题为《消费互联网和产业互联网的融合》的演讲中也谈道："产业互联网不比消费互联网，演进速度十分缓慢，由于产业里往往要涉及重资产、投资、消费者行为，所以当与互联网结合到一起时，往往会产生非常多的困难。"

美团这样的巨头企业，在从消费互联网转型到产业互联网时，都是困难重重、举步维艰。可想而知，消费互联网和产业互联网的差异还是非常大的。

### 2. 如何做好产业互联网

互联网的上半场已经接近尾声，下半场的序幕正在拉开。伴随数字化进程，移动互联网的主战场正在从上半场的消费互联网向下半场的产业互联网方向发展。

我们要扎根消费互联网，拥抱产业互联网，既要做好销售端的流量经营，更要做好供给端的正确落地。

（1）要摒弃消费互联网时代的"恶意降价"。必须要警惕的一个大坑就是用消费互联网的思维做产业互联网。在消费互联网时代，无论淘宝还是美团，都采取了先期的低价竞争策略，从而引来了规模流量，进而通过电商、外卖等模式变现。但在产业互联网时代，消费互联网的这种玩法已然过时，现在及以后我们拼的是好的产品、好的网络基础设施、好的服务和可持续运营的能力。

（2）重点是"产业+互联网"，而非"互联网+产业"。日本金泽工业大学教授三谷宏治在《商业模式全史》一书中有一句精辟的总结：笑到最后的大都拥有强大的实体经济，真正有价值的是客户信息和数据。但这两者的话语权掌握在供应链的核心企业手里。可见产业互联网的基础是产业，进而利用互联网进行助力，所以做好产业才是前提。

（3）产业互联网是对消费互联网的"降维打击"。消费互联网通过商业渗透挖掘需求，是八爪鱼式的横向延伸；产业互联网通过整合产业链上下游解决产业链整体的供需匹配问题，是天然纵向深入，是消费互联网在实体经济和产业服务领域的延伸和必然。

（4）"强者愈强"而非"赢者通吃"。产业互联网时代，企业的基础设施、产品和服务将成为市场竞争的"护城河"。具体到换电业务，换电产品设计、开发和生产的质量、换电网络布局的广泛性和精准性、后续维护维修服务的及时性和准确性、客服处理问题的一次性解决率等都是其中的关键因素。

## 7.1.4 下半场：五个发展方向

随着技术的发展，换电业务将更加趋于标准化、上链化、共享化，换电市场也将随之迎来高速发展时期。在巨大利好的市场风口下，我们可以展望这个市场在未来数年甚至数十年内的五大发展方向。

### 1. 用户的痛点就是需求

换电业务上有政策扶持，下有市场需求，市场潜能巨大，可谓是商机无限。在政策的大力推动下，各方看好换电赛道的发展，大量资本涌入，利好换电模式。在这种情况下，想要精准地挖掘市场需求，发掘市场潜能，就必须深入了解用户的痛点。痛点即为需求，换电业务必须从用户的需求入手来搭建平台和产品。

### 2. 网络的建构才是基础

换电业务发展的重点是网络的建设、优化和维护。换电业务的本质是向下做好网络和产品，中间做好平台支撑，向上做好用户使用习惯的引导和正确消费认知的养成。因此网络的建构是换电业务的基础，营销则是在此基础上的引流手段。

### 3. 良性竞争才是盈利之道

换电市场的稳定、有效和高速运转，有待市场各方共同的努力和创新。换电市场是个利基市场，同时更是个微利市场。从目前来看，它的收入来源主要是用户租金，而成本却种类繁多，包括电池和换电柜的折旧摊销、充电的电费、场地的租金、用户引流的营销费用以及后续的维护、维修等。假如个别企业企图通过恶性低价竞争来获取市场，其结果只能是害人害己、得不偿失。

### 4. 共享红利才是价值所在

换电和互联网的结合方式正在从消费互联网转型为产业互联网，而企业的基础设施、产品和服务将成为市场竞争的护城河。一个成功的换电服务体系必须具备以下先决条件：电池包标准化、高效的数据基础设施，以及"换"与"充"的有机结合，要使其稳定、有效和高速运转，上下游都应该克己尽责，避免制定过高的标准或追求最低的价格，甚至是兼而有之。须知一分价钱一分货，只有秉承"产品好、体验好、服务好"的商业理念，在合适的标准和合理的价格前提下，适度提高产品的性价比，使得产业链上下游企业共享产业红利，才能共同推动换电业务的健康可持续性发展。

### 5. 创新是永恒的坚持

换电业务是创新的产物，因此，创新应该是始终贯穿这一业务的灵魂所在。随着市场的发展和国家的调控，换电业务的创新方式、电池提升、平台演化、系统升级等都应与时俱进，以此来保证业务长青，可以说，创新是永恒的坚持。

## 7.2 换电业务的创新

自从 2021 年以来，轻型车换电市场可谓是风起云涌，众多新厂家陆续入局，许多企业背后还有实力雄厚的资本支撑，一时之间山头林立，玩家众多，既有耕耘时间较久、已有相当规模并站稳市场的专业换电平台，如这锂换电、智租换电、小哈换电、换换等，也有在政策红利吸引下入场的能源巨头、共享出行平台、知名电动车品牌，如铁塔换电、宁德时代、青桔、雅迪等。

激烈的市场竞争无疑是创新最好的催化剂，新产品、新改进、新模式层出不穷，各厂家的自主式创新又催生了相互之间的模仿式创新，旧的还没彻底退市，新的已经崭露头角，创新的速度在不断加快，相应地，创新折旧的速度也在加快，这种现象用一句网络流行语来说，就是"内卷"。

### 7.2.1 创新也是资产

说到创新，不能不提创新理论的鼻祖、创新之父约瑟夫·熊彼特。他提出的"创造性破坏"理论，在经济学界的引用率仅次于亚当·斯密的"看不见的手"。熊彼特这套创新理论的核心有两个：动态经济发展模式与非连续性增长，以及企业家精神和组合式创新。

动态经济模型是熊彼特理论的第一个支点,即经济很少处于均衡,它总是从一个均衡走向另一个均衡。第二个支点则是后来的非连续性增长理论,也叫双 S 曲线发展理论。当传统的产品、技术、营销、渠道等组合成的发展模式增速放缓时,就需要企业进行创新,找到发展的第二曲线,从而支撑起新的发展(见图 7-5)。

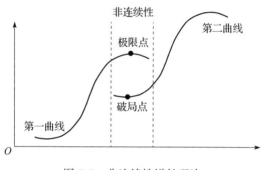

图 7-5 非连续性增长理论

也就是说,企业要赶在第一曲线到达极限点以前,找到第二曲线的破局点,只有找到了第二曲线,企业才能继续增长。

纵观古今中外的企业史,不知有多少企业陷入创新者的窘境而没有寻找到第二曲线。例如英特尔,曾经在 PC 机时代形成了芯片的绝对垄断,但在后续的发展过程中,没能成功占领智能手机市场,被高通超过。同样陷入窘境的还有雅虎、盛大,以及正在陷入困境的苏宁等。

熊彼特的这套理论也同样适用于换电业务。如今,外卖、快递已成为城市重要的微循环,可以说,它们正在改变中国城市的底层发展逻辑并建构着中国新经济模式的未来。换电业务本身就是作为一项创新型业务而诞生的，换电产品通过共享经济的方式成为外卖、快递从业人员不可或缺的生产工具，为灵活就业群体提供了必需的装备。在未来，换电产品无论是换电电池还是换电柜，其基本功能、尺寸、安全性等都将趋同，如果不进行创新那么只有陷入"恶性价格战"的死循环，整个行业也将遭受致命打击。而一个只有恶性价格战、没有盈利未来的行业是不可能长久存在的，我们将会看到铁打的营盘，流水的企业，企业前仆后继如飞蛾扑火的市场乱象。

对于传统企业来说，资产是企业赚钱的核心来源，对于换电企业来说，"创新"也变成了一种资产，因为它完全符合资产的定义：由企业拥有或者控制的、预期会给企业带来经济利益的资源。创新是推动换电行业健康、持续发展的关键动因，它是换电业务最重要的资产，而不是之一。

### 7.2.2 创新的折旧正在加速

所有的资产都会有折旧。折旧是个会计术语，指的是资产的折损，某种资产一次性投入，成本可以分摊到五年，甚至十年。

计提资产折旧的方法主要有直线折旧法和加速折旧法两类。直线折旧法是按资产的使用年限平均计提折旧的方法，按此计算方法计算的每年的折旧额是相同的；加速折旧法是前期折旧计提得多，后期折旧逐渐减少，使资产价值在使用年限内尽早得到补偿。加速折旧法的原理是资产的效用随着其使用寿命的缩短而逐渐降低，因此，当资产处于较新状态时，效用高，产出也高，维修费用较低，所取得的现金流量较大；当资产处于较旧状态时，效用低，产出也小，维修费用较高，所取得的现金流量较小，这样，按照配比原则的要求，折旧费用应当呈递减的趋势。

在换电业务里，铅酸电池等传统产品适用直线折旧法。通信基站里的机柜、开关电源、铅酸电池等产品，其技术和原材料等已经非常成熟且稳定，因此可以按资产的使用年限平均计提折旧，这样其每年的折旧额是相同的。

锂电池等新生代产品可采用加速折旧法，因为当其处于较新状态时，行驶里程长，产品问题少，维护维修费用较低，所取得的现金流量也较大；使用一两年后，行驶里程缩短、半路断电、信号不好、定位不准等问题会不断出现，维护维修费用陡然升高，所取得的现金流量也会变小，这样，按照收益与折旧成本配比原则的要求，折旧费用应当呈递减趋势。此外，换电锂电池的制造技术和原材料在不断创新和更新，从长期来看，技术越进步，其性能越好，采购成本越低。一年前的换电电池的性能和性价比远远低于一年后的电池。因此，采用加速折旧法更能反映出换电锂电池创造价值"前高后低"的特点。

换电的创新折旧在加速，那么对应的换电的创新又该如何加速？下面将分别讲述什么是开放式创新，以及轻型车换电业务应当如何创新。

### 7.2.3　开放式创新

亨利·切萨布鲁夫（Henry Chesbrough）基于对35家从施

乐帕克研究中心（Xerox Palo Alto Research Center）衍生出来的技术型投资公司做的调查，得出结论："单靠技术无法培育革新""为了实现革新，对商业模式进行适当的调查和研究是必不可少的"。在此基础上，他提出了"开放式创新"理论，即让所有的产业都为自身服务。换言之，开放式创新就是将企业传统封闭式的创新模式开放，引入外部的创新能力，使其为我所用。

在开放式创新下，企业考虑到成本、技术、人员等限制，在期望发展技术和产品时，应该像使用内部研究能力一样借用外部研究能力。企业应把外部创意和外部市场化渠道的作用上升到和封闭式创新模式下的内部创意以及内部市场化渠道同样重要的地位。

### 1. 开放式创新的两大理论基础

第一，并不是所有的聪明人都在你手下工作。它由美国太阳微系统公司（Sun Microsystems）的创立者、被称作"互联网时代的爱迪生"的比尔·乔伊（Bill Joy）首次提出。于是乎，对外开放合作，引入外部的创新能力，就成为现代企业成功的一大法宝。

第二，美第奇效应（Medici Effect），即外行人解决内行问题，交叉产生灵感。15世纪意大利佛罗伦萨的银行世家美第奇家族，曾出资帮助各种学科、众多领域里锐意创造的人。当时的雕塑家、科学家、诗人、哲学家、金融家、画家、建筑家齐聚佛罗伦萨，互相了解对方，彼此相互学习，从而打破了不同学科、不同文化之间的壁垒。他们一同用新的思想，开创了人类历史上的一个新的思想纪元,这便是后来被称为"文艺复兴"的那个时代。由于美第奇家族的卓越贡献,这种交叉产生灵感的效应被命名为"美第奇效应"。

具体到换电业务,我们同样可以把不同学科汇集在一起,点燃智慧的火花,创造出优势互补、匠心独具的新兴产业,如图7-6所示。

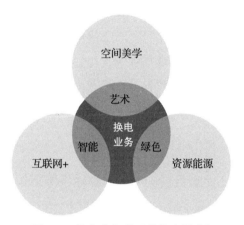

图7-6 换电业务的"美第奇效应"

### 2. 开放式创新的五大参与主体

(1)全体员工。注意是全体,而不仅仅是研发人员。研发人员注重技术先进性,生产人员注重成本领先,营销人员注重有效满足顾客需求,只有集合所有员工的智慧,才能有利于开放式创新。

(2)客户,尤其是苛刻的客户。客户是产品最终的使用者,也是产品质量和性能最有效的检验者,是我们提供产品和服务的最终目的。如果苛刻的客户都满意了,那么,产品更可能会给一般的客户带来惊喜。

（3）供应商。在服务客户这个层面上，运营商和供应商是同心协力的。在某种程度上，供应商对产品标准和质量的要求，以及需要改进地方的建议，可能比运营商更专业，更切合一线市场的需要。在产品标准的制定和工艺的生产上，供应商的地位绝不容小觑。

（4）知识工作者。企业应与高校、科研院所、协会联盟等的专业人士保持密切且实时的联系与沟通，他们一般对某一专业领域有着深刻而独到的研究，企业应让其参与到产品研发、生产以及后续的产品改进中，充分发挥其聪明才智，从而共同推动开放式创新。

（5）竞争对手。面对同一类客户，竞争对手可能采取不同的产品策略、定价策略、宣传策略等，这是最值得借鉴之处。同时，除了竞争，各企业间可基于行业发展进行不同程度的合作，比如建立统一标准、争取政府相关政策支持以及行业自律等。

### 7.2.4　换电业务的四种创新方式

**1. 换电业务要创新，首先必须要遵循与市场紧密结合的原则**

2020年诺贝尔经济学奖获得者罗伯特·威尔逊有句名言：最重要的研究课题必定来自市场参与者遇到的问题。如果想帮助市场参与者获得更好的结果，就必须了解他们关切的问题，只有深入市场才能发现抽象理论无法预测的关键特征。也就是说，换电业务创新的课题应来自一线客户和企业的实际需求，而非来自自己头脑中臆想的需求。否则，一线客户和企业既不需要，又徒劳地增加了成本，得不偿失。

### 2. 加速推进开放式创新

目前，虽然各换电企业都在不同程度上进行了联合创新的探索，但是与真正的开放式创新差距还很大。首先，内部研发参与者仍以技术人员为主。市场、运营、平台等相关人员的参与度较小，外卖、快递人员的参与度几乎为零，换电企业基本在网点布局、价格策略等方面听取了他们的意见和建议，但在产品的设计、标准、便利性等方面，其参与度还较低，这非常不利于开放式创新的推进。其次，供应商参与研发的程度不够。目前主要的研发思路还是由换电运营商提出，相关合作伙伴只是"照方抓药"，而没有真正地提出自己的想法和观点，参与度和主动性远远不够。再次，知识工作者几乎没有参与。来自高校、科研院所等的学者，由于受其对实际情况的了解所限，参与度一直很低。最后，竞争对手间借鉴有余，创新不足，这对行业是非常不利的。

为加速推进换电行业的开放式创新，我们应该要求企业内部所有人员均参与到创新中来，接受不同意见，以开放、包容的氛围推动创新；与主流供应商紧密合作；通过联合调研、联合研发等方式，积极引导高校、科研院所参与到实际问题分析和产品研发中来；换电企业在相互参考借鉴的基础上，更要积极进行创新和合作。

### 3. 积极进行组合式创新是目前最好实现、最应尽快落地的创新方式

我们从 4P 理论来展开讨论，即产品（Product）、价格（Price）、渠道（Place）、促销（Promote）（见图 7-7）。

（1）产品。在换电业务中，产品已不再是简单的产品，它还包括了平台（Platform）和网络。

图 7-7　4P 理论

具体到产品上，我们需要改进完善的包括但不限于以下这些。

如何改进插头线缆的设计并优化材质，以提升使用寿命？

如何提升通信模块定位的准确性，以形成连续的电池运营轨迹？

SIM 卡是否使用贴片卡，以提升抗高温能力和稳定性，降低松动等带来的离线率？

如何优化换电电池的 SOC，提升 SOC 估算的准确性，以避免半路断电？

如何优化充放电策略，以延长电池的寿命？

如何根据电压和压差，对电池进行及时的均衡，以提升安全性并延长寿命？

如何优化电池外壳，以提高信号强度和外壳的防撞击性能？

具体到平台上，我们需要改进完善的包括但不限于以下这些。

我们的平台是否是根据客户的需求和喜好来设计的，而不是根据我们既有头脑中的思路来设计的，以及如何优化？

我们设计的功能，用户知道在哪里吗？知道如何使用吗？是否存在开发了许多功能，使用率却很低的情况？

（2）价格。换电是产业互联网业务，不同于外卖所属的消费互联网业务。在换电时代，价格已不是用户关注的唯一因素，他们关心的还有产品的质量（行驶距离）和网络布局的完备性。

既然价格已不是决胜的唯一因素，那么我们要做的就是提升产品质量，优化网络布局，拆闲补忙，灵活调度，提高资产的利用率。

（3）促销。换电业务是基于产品质量的网络服务，价格已不再是用户的首要关注要素。因此，我们需要的是"营"而不是"销"。"营"就是在产品和网络质量提升的前提下，重点宣传企业形象和给用户带来的价值，而不是像消费互联网时代那样进行单一的"恶性价格战"。在产业互联网时代，发起价格战的非但不会成为胜利者，大概率还会率先倒下。

（4）渠道。换电业务在开展初期，可以依靠渠道发展用户快速打开局面，但当网络规模和用户规模不断扩大时，要重点依靠车电一体、老带新等方式自主发展用户。未来换电业务的渠道应转向维护、服务、车辆改装运营等业务，向"建维营"一体的模式演进。

### 4. 换电业务需要快速、可持续的第一性创新

换电产品不像运营商时期的产品，建立标准后可以运营多年。传统产品可以逐步推出1.0、2.0、3.0……但换电产品不是，换电产品的创新路径是1.0、1.1、1.2、……、2.0、2.1、2.2、……、3.0、3.1、3.2……也就是说，换电产品的创新一方面要加快，另

一方面还要小步快跑。换电产品的创新要打破头脑中既定的条条框框和既有工作经验的束缚，用过去的成功经验来思考当今问题的思维模式已经过时，我们需要根据市场的需求，结合产品自身的特点，从第一性原理出发去思考问题和设计产品。

## 7.3 换电电池的"创新之旅"

如果把全球气候系统比喻成钟摆，那么它左右摆动的极点位置就分别代表极端冷暖天气，在全球变暖的环境下，低温天气并不会消失，只是出现的频率总体呈下降趋势。

### 7.3.1 低温造成的影响

在我国，每年入冬以后，从北至南的寒潮会给很多地区带来无限连击，例如 2021 年 11 月下旬到 12 月初，最低气温 $-10℃$ 线向南推进到陕西北部、山西中部、河北北部一线，很多地区的气温都跌破零下 $10℃$，呼和浩特的气温跌破零下 $15℃$，东北还遭遇了强降雪。

类似这种低温和寒潮天气给换电业务带来了巨大的挑战，因为在所有的客观因素中，温度对电池的充放电性能影响是最大的。当温度降低时，电解液的电化学反应变慢，电极的反应速率就会下降，假设电池电压保持恒定，放电电流降低，则电池的功率输出也会下降。

我们熟知的磷酸铁锂电池在低温环境下充放电是存在一定安全风险的。通常情况下，磷酸铁锂电池充电保护温度为 $0℃$，恢复充电温度为5℃，当电芯温度低于0℃时，换电电池会处于充电低温保护状态；电芯温度低于–10℃时，换电电池则处于放电低温保护状态。而在低温天气下，电池需要通过预热才能进行充电，预热时间过长会导致整个充电完成时间延长，在换电高峰期用户常常会因此无电可换、无车可骑，由此带来的经济损失不可估量。

### 7.3.2 磷酸铁锂电池的两大应对策略

为了应对这种负面影响，通常有以下两种解决方案。

**1. 对电池本身采取充电温度恢复措施**

充分利用室内换电柜资源，电池尽量调配至室内充电；利用室内资源，将存在低温保护的电池集中临时调配至室内存放，待温度恢复到5℃后再统一配送至换电网点进行充电。

**2. 对换电柜采取仓体加热措施和应急保温措施**

对于具备加热功能的换电柜，提前检测仓体加热功能，确保工作正常；对于室外换电柜，采用保温材料封堵进、排风口或柜体整体保温方式，进行柜体保温应急处理。表7-1是磷酸铁锂电池充放电的低温保护值。

表 7-1 磷酸铁锂电池充放电的低温保护值

| 检测项目 | 保护值设置范围 | 默认值 |
|---|---|---|
| 电池充电低温保护 | –40～10℃ | 0℃ |
| 电池放电低温保护 | –40～0℃ | –10℃ |

上述两个措施都必须在同一个前提下才能实施，那就是

充电时电池温度可调整至 0℃ 以上,同时放电时电池温度不低于 –10℃。在气温始终低于 –10℃ 甚至低于 –20℃ 的环境下,磷酸铁锂电池已无能为力,而钛酸锂电池就闪亮登场了。

### 7.3.3 从磷酸铁锂电池到钛酸锂电池

钛酸锂电池属于锂离子二次电池,它主要由正负极材料、隔膜、电解液和壳体组成,其中正极材料为钴酸锂、三元材料、锰酸锂中的一种或几种;负极材料为钛酸锂($Li_4Ti_5O_{12}$);电解液主要由溶剂(DEC/EC/PC)和锂盐($LiPF_6$)组成;隔膜是 PE 材质薄膜表面涂覆陶瓷粉;壳体主要由铝材质或铝塑膜材质构成。

常规锂离子电池以人造石墨作为电池负极,而钛酸锂电池以钛酸锂作为电池负极,以锂离子作为电荷载体。充电时,锂离子从正极锂氧化物中脱嵌出来,通过电解液迁移到钛酸锂负极材料表面,并通过负极材料离子嵌入通道进入负极材料中形成锂氧化物,完成充电过程的锂离子迁移;放电时,锂离子进行相反方向的迁移,完成电荷的转移。

钛酸锂材料特殊的尖晶石分子结构和三维离子扩散通道,使钛酸锂材料具有低应变特性以及锂离子在钛酸锂晶体中可以快速扩散,因此钛酸锂电池相较于传统的以石墨作为负极的锂离子电池具有高安全性、高稳定性、长寿命和绿色环保的特点,这些优异性能使钛酸锂作为新一代锂离子电池的负极材料被广泛应用在新能源汽车、电动摩托车,以及很多要求高安全性、高稳定性和长周期的领域中。

从工作原理和工作性能上来说,钛酸锂电池共有四大优势。

### 1. 安全系数高,在滥用条件下不会起火爆炸

钛酸锂的电位比纯金属锂的电位高,充电电位平台为1.55V,即使在充电后期、低温或高倍率充电的情况下,此负极的电位也不会达到锂离子还原成金属锂的电位,不会产生由析锂引发的安全事故;其他锂电池嵌锂的电位约为0.1V,在低温、高倍率充电时易在负极表面析出锂金属,达到一定程度便会刺破隔膜,造成电池内短路,引发爆炸等严重危害人身安全。另外,钛酸锂本身是非可燃物,在发生短路故障时其欧姆阻抗会急剧增加,抑制放电反应,不会引起过大的瞬间电流和温度上升,因此钛酸锂电池具有超高的安全性。

### 2. 低温工作性能优异,-40℃环境下仍能充放电

钛酸锂材料具有三维离子扩散通道结构,离子导电率更高,相较其他类型锂离子电池高出整整1个数量级。当电池在超低温环境时,离子仍能通过三维离子扩散通道嵌入钛酸锂中形成化合物,因此钛酸锂电池具有很好的耐低温充电性能。三元锂电池和磷酸铁锂电池在低温-40℃时放电性能急剧降低,在0℃以下已无法充电,而钛酸锂电池在低温-40℃时,充放电效率达80%以上,在-20℃时,充放电效率达90%以上。

图7-8、图7-9、表7-2分别是钛酸锂电池在低温下充放电的性能曲线和它与磷酸铁锂电池、三元锂电池的性能参数对比,可以很清楚地看到钛酸锂电池在低温环境下具有相当大的性能优势。

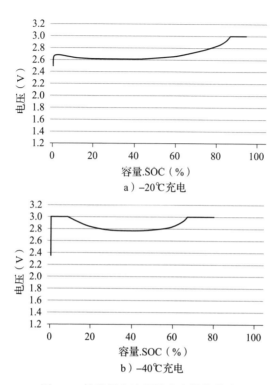

图 7-8 钛酸锂电池低温充电性能曲线

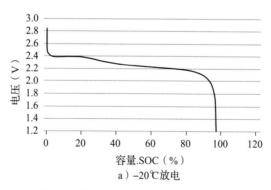

图 7-9 钛酸锂电池低温放电性能曲线

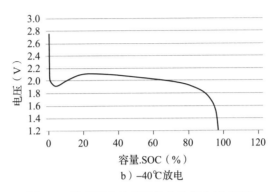

b) −40℃放电

图 7-9　钛酸锂电池低温放电性能曲线（续）

表 7-2　钛酸锂电池、磷酸铁锂电池、三元锂电池性能参数对比

| 参数 | 钛酸锂电池 | 磷酸铁锂电池 | 三元锂电池 |
| --- | --- | --- | --- |
| 充电温度 | −40～55℃ | 0～55℃ | 0～55℃ |
| −20℃放电容量保持率 | 90% | 75%～80% | 85%～90% |
| −40℃放电容量保持率 | 80% | 50%～60% | 70% |
| −20℃充电容量保持率 | 95% | — | — |
| −40℃充电容量保持率 | 90% | — | — |

### 3. 循环使用寿命超高，可达万次以上

钛酸锂材料具有特殊的尖晶石分子结构，在充电态和放电态晶格变化非常小，被称为"零应变"材料，因此不会因为反复充放电导致材料本身结构的坍塌，使得以钛酸锂材料为负极的电池具有非常高的循环性能。配合合适的正极材料，钛酸锂电池的循环寿命可以达到 10 000 次以上，远超磷酸铁锂电池和三元锂电池 1500～2000 次的循环寿命。

### 4. 具有良好的高倍率充放电性能

钛酸锂材料具有尖晶石结构，同时具备三维离子扩散通道，当电池进行充电时，锂离子通过三维离子扩散通道嵌入钛酸锂中形成化合物，因此该材料的离子导电率更高，相较人造石墨高出 1 个数量级。这样使得以钛酸锂材料作为负极的钛酸锂电池具有非常优异的倍率充放电性能，常规能量型钛酸锂电池的充放电倍率可达 10C，且在高倍率放电循环过程中仍能保证其安全性，特别适合高功率放电应用场合（见图 7-10、表 7-3）。

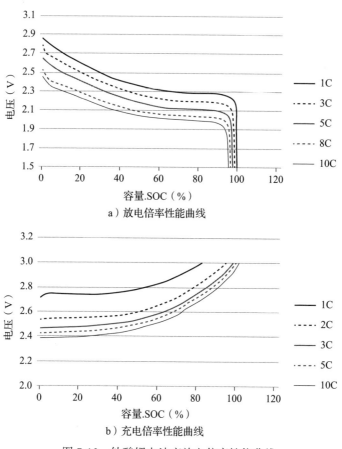

图 7-10　钛酸锂电池充放电倍率性能曲线

表 7-3 钛酸锂电池倍率性能指标参数

| 倍率 | 充电容量保持率 | 充电中值电压 | 放电容量保持率 | 放电中值电压 |
|---|---|---|---|---|
| 1C | 100% | 2.46V | 100% | 2.35V |
| 2C | 99% | 2.50V | 98.5% | 2.27V |
| 3C | 98% | 2.53V | 98% | 2.18V |
| 5C | 97% | 2.60V | 97% | 2.09V |
| 10C | 90% | 2.70V | 95% | 2.05V |

钛酸锂电池的耐低温特性使其非常适合应用在极低温地区，例如东三省地区，年平均气温仅为个位数，冬季漫长寒冷，结冰期长达百日以上，最低气温可低至零下30℃左右。很多纯电动公交车的电池低于0℃就启动了自我保护，根本充不进电，车辆也无法启动，而钛酸锂电池的低温性能优势能够很好地解决这个问题（见表7-4）。

表 7-4 钛酸锂电池与磷酸铁锂电池、三元锂电池的主要指标对比

| 指标 | 钛酸锂电池 | 磷酸铁锂电池 | 三元锂电池 |
|---|---|---|---|
| 电压平台 | 2.45V | 3.2V | 3.6V |
| 工作温度 | −40～55℃ | 0～55℃ | 0～55℃ |
| 循环寿命 | 10 000 次 | 2 000 次 | 1 500 次 |
| 安全性 | 非常好 | 一般 | 一般 |
| 最大充放电倍率 | 10C | 1.5C | 1.5C |
| −20℃循环容量保持率 | 80% | 不可循环 | 不可循环 |
| 低温充电能力 | −40℃ | 0℃以下无法充电 | 0℃以下无法充电 |

## 7.3.4 钛酸锂电池的应用

我们已经知道，钛酸锂电池是专为低温而生的，特别适合东三省、内蒙古、西北各省及京津冀的部分低温区域。2020年

年底极寒天气席卷了中国北方的大部分地区，给当时的换电产品带来了严峻的挑战。

根据磷酸铁锂电池的性能要求，电池设置为0℃以下不能充电，-10℃以下不允许放电。磷酸铁锂电池在极寒天气中充电慢、续航里程严重缩水等性能短板逐渐暴露，无法满足低温地区外卖、快递人员的使用需求，电池一经过冬季的超低温使用，电池组不可逆地一致性变差。而钛酸锂电池以其优异的性能很好地解决了这个行业痛点。钛酸锂电池安全性极高，不起火、不爆炸，能够有效地保障换电产品的质量和寿命；产品循环使用寿命长，最高可达10 000次，降低了更换设备和人工养护的成本；高低温性能较宽，55℃高温放电容量可达标称容量的100%、-20℃低温放电容量不低于标称容量的90%，-40℃低温放电容量不低于标称容量的80%，即使是在高寒、高温地区也能正常使用；超大倍率充放电，最高可达10C，支持快速充电、放电，提高了资源的有效利用率；续航能力强，电量显示精准。

目前钛酸锂电池系列产品已在北京、哈尔滨、延吉、锦州、呼和浩特、包头等多个城市投入运营，以其耐宽温、高安全等特性助力城市公交系统的发展。2017年1月1日，88辆10.5米银隆钛酸锂纯电动车正式在哈尔滨83路和203路公交线投入运营，并经受住了零下30℃低温的考验，三个冬天没有出现任何问题；同年10月，延吉也购入了一批银隆钛酸锂电池纯电动公交车，这些公交车分别运营于延吉市2路、3路、4路、36路、37路、45路公交线，同样在零下30℃左右依然能正常运营。

除了助力电动汽车和轨道交通发展之外，钛酸锂电池还广泛应用在一些高海拔、无市电接入、多阴雨天气的偏远地区。目前，钛酸锂电池已在内蒙古、甘肃、新疆、西藏、青海、四川等地区的通信基站投入使用，为上述区域的通信信号稳定提供了强有力的保障。

在轻型车换电应用上，哈尔滨、黑河曾做过路跑测试，60V 30Ah 钛酸锂电池组平均可跑 44.37 公里，1kW·h 电量平均可路跑里程为 24.1 公里。通过路跑数据对比，钛酸锂电池组较同容量磷酸铁锂电池续航能力提升约 30%。在内蒙古地区，在 $-9 \sim 20$℃的条件下，经实际路跑测试，60V 30Ah 钛酸锂电池续航里程可达到 50 公里以上，能够满足大部分车型的高峰期使用需求。

目前钛酸锂电池已陆续投放到国内市场，换电龙头企业如铁塔换电等已率先在多个区域试点，打造了钛酸锂电池应用于轻型车的试验田。2019 年 11 月，黑龙江铁塔与深圳博磊达合作，在黑龙江运行了长达半年的路况测试，赢得了外卖、快递人员等终端使用者的一致好评。

钛酸锂电池的性能优势决定了它是电池中当之无愧的低温之王。未来随着钛酸锂电池越来越多地应用到生活基建当中，其市场的成长速度不容小觑，我们需要在五个方面特别加以关注。

### 1.钛酸锂电池的适用区域

常规来看，钛酸锂电池的适用区域主要在黄河以北，尤其是东三省、内蒙古、甘肃、宁夏、新疆、青海、西藏等地；其他如北京北部的延庆、密云、怀柔，河北的承德，山西的大同，陕西的榆林等地可能也是钛酸锂电池的适用区域。近几年随着气候变化异常加剧，比如2021年冬天湖北、江苏等地气温数日低于零下10℃，所以钛酸锂电池的适用区域不能简单地一概而论，要经过科学的评估才能做到物尽其用。

### 2. 钛酸锂电池的价格问题

由于之前钛酸锂电池的应用范围较小，主要集中在寒冷城市的公交车以及偏远地区的通信基站等，其生产和应用规模相对较小，未来应通过生产规模和应用范围的扩大，逐步降低其价格，进一步提升其性价比。

### 3. 钛酸锂电池的充放电倍率、宽温性能和循环寿命

钛酸锂电池具有高达10倍的充放电倍率、$-40 \sim 55$℃的高低温适用性能和高达万次的循环寿命，而这恰恰是目前磷酸铁锂电池的短板和痛点，同时也意味着钛酸锂电池更皮实，更耐造，更适应比较恶劣的运行环境。

### 4. 钛酸锂电池的能量密度

钛酸锂电池的能量密度小于磷酸铁锂电池，更小于三元锂电池，未来应通过进一步提升能量密度和缩小体积，提升钛酸锂电池的匹配性和适用性。

### 5. 钛酸锂电池的安全性

随着钛酸锂电池价格的下降、能量密度的提升、体积的缩小，其适用范围将迅速扩大，而钛酸锂电池固有的安全性将使其性价比和适用范围得到进一步提升。

## 7.4 换电平台的"演进之路"

App 是 Application 的缩写，意思是应用。App 是指智能手机的第三方应用程序，手机上的所有软件都可以被称为 App。在当今的互联网时代，App 是大数据演绎的舞台，也是企业直通消费者的平台。

从技术应用角度来说，平台可以细分为前台、中台和后台。前台主要面向终端客户，实现营销推广和交易达成；中台主要面向运营人员，完成运营和维护支撑；后台则主要面向管理人员，实现内部管理和支撑。在这三者之中，后台的运行是相对稳定的，例如 OA、财务、采购等系统，而前台和中台大多数时候都处在不断变化的状态中。本节将着重讲述换电平台的前台和中台的演进方式。

### 7.4.1 前台：做大、做强

规模效应是商业世界的万有引力，这个定律同样适用于 App。

当换电 App 功能更多、参与主体更丰富时，用户获取成本就会下降，而用户获取成本是换电业务中一项非常重要的成本，因此渠道费用（也就是佣金）就直接降低了。

App 功能的丰富与易用还会带来用户使用频率的提升，也就是普通 App 变成了高频 App。高频，顾名思义就是用户使用频率高，例如微信、美团和携程三大 App 的此项指标逐次递减。而当用户使用频率提升后，用户留存率也会相应提升，继而企业的用户数、用户的生命周期价值（Life Time Value，LTV）、企业的效益等也会规模化地等量提升，特别是在超过了特定的临界点之后，往往会出现倍数级的增长。也就是说，当换电 App 的用户规模足够大时，在这个大数据的环境下，用户本身就成了一种资产。App 功能性与用户规模的增长曲线如图 7-11 所示，$X$ 代表 App 功能的丰富与易用，$Y$ 代表企业的用户规模。

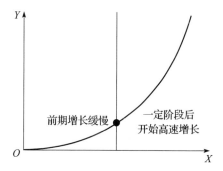

图 7-11　App 功能性与用户规模的增长曲线

要实现 App 足够的用户规模和高频次的使用，就需要将前台做大做强，打造功能意义上的超级 App。所谓超级 App，就是以绝对大的用户规模和绝对高的使用频次（做大流量池），实现消费闭环（变现流量池），从而掌握对用户流量的主导权。因此，超级 App 正成为越来越重要的流量入口，掌握着移动互联网时代流量的分发大权。

超级 App 是移动互联网时代的产物。在 PC 互联网时代，网站间的跳转几乎没有门槛和边界，那时也不存在超级平台，或者说那时的超级平台就只有一个百度。但在移动互联网时代，App 之间实现相互跳转是有门槛的，很多时候都需要下载新的 App，而用户更希望在同一个 App 内解决所有问题，这种诉求就是超级 App 的机遇。

美团就是较早抓住这个机遇的典型例子。自 2019 年以来，美团在业务上一直推行多元化战略，而与之并行并落地实践的就是超级平台战略。它以本地生活服务为核心，在餐饮外卖的基础上，不断拓展酒店旅游、票务代理、休闲娱乐、交通出行、新零售等，集合散落在不同业务中的中低频需求，形成对美团 App 的高频需求，然后通过流量来变现，同时也大幅降低了用户获取成本。（见图 7-12）这项战略的效果是十分明显的，2022 年 12 月 16 日，美团市值为 1.09 万亿港元，仅次于腾讯（市值 3.04 万亿港元）和阿里巴巴（市值 1.83 万亿港元），美团成为中国互联网市值第三大公司，并且其市值还在持续上涨。

图 7-12 美团超级平台

美团的成功案例给换电平台带来了一个重要的启示，那就是打造以"骑手服务"为核心的超级App，在基础换电服务的基础上，不断拓展车电一体、商城、外卖商家等服务，以获取更多的流量、更高的使用频率，实现更低的获客成本、更好的收益水平。

具体来说，首先，在基础的换电业务上，要致力于为骑手提供更专业的换电服务。骑手对基础换电服务的要求很简单：续航更长的电池、运行更流畅的App、性价比更高的套餐。这需要企业选取更高质量的电芯和换电柜等硬件，不断优化BMS、换电柜的控制系统和App等的软件体验，设置不同档次和等级的套餐来满足不同用户的差异化需求。基础换电服务之于换电体系，就好比餐饮外卖之于美团，始终都是整个App的根基。

其次，要深入推广车电一体的商业模式。车辆是骑手的第一需求，换电是基于车辆的衍生需求。所谓的车电一体，就是通过"优质电池+品牌车辆"的组合来改善骑手的骑行体验，降低骑手因单独租车带来的相关风险，从而提高骑手对换电业务的黏性。从当今的市场态势来看，这种模式正在快速深入地改变整个换电市场的格局。

除此之外，还有很多蓝海板块有待我们去探索挖掘，例如为骑手打造"吃穿住用行"一站式服务的周边商城，也是一种不可忽视的衍生服务。这种商城以骑手的需求为核心，通过提供头盔等代表性的周边产品，通信、金融等安全服务来深挖骑手的价值，从而提升骑手的活跃度、贡献度和黏性。甚至还可以大胆探索"换电+外卖"的一体化模式，在换电App上直接实现换电和外卖功能。

总之，如何打造规模更大、功能更全的前台，是换电平台亟待思考的首要问题，也是在未来将要演进的必由之路。

### 7.4.2 中台：做薄、做敏捷、变快速

提到中台，就不得不提到一些作为风向标的头部企业。

2015 年，阿里巴巴 CEO 张勇提出"大中台，小前台"概念，经过几年的发展，这一概念成为行业标配。

2018 年，腾讯、美团、京东纷纷宣布打造技术和数据中台。

2019 年，字节跳动搭建"直播大中台"。

2020 年年底，张勇表示现在阿里巴巴的业务发展太慢，要把中台变薄。

短短 5 年之间，中台从云端之巅跌落谷底，这期间经历了何种变数，又带给我们怎样的思考？

#### 1. 组合式创新和颠覆式创新

中台的组合式创新，就是把中台的现有能力进行组合，从而形成新的能力，它强调能力的标准化，我们所熟知的"盒马鲜生"就是依托阿里数据和业务双中台能力，由现有的商品、库存、用户、支付、AI、IoT 等能力组合而成的一款明星 App。

世界上唯一不变的东西就是变化，任何一种技术革新都不可能江山永固，因此我们迎来了"VUCA 时代"。VUCA，中文称为"乌卡"，是指世界和组织将处于易变性（Volatility）、不确定性（Uncertainty）、复杂性（Complexity）、模糊性（Ambiguity）

状态之中。我们身处的世界变化越来越快，商业边界不断被突破，竞争格局越发复杂多变。

在这样的时代背景下，企业只有进行颠覆式创新，才能实现新的业绩增长，才能拿到更高的收入回报。但颠覆式创新需要从"根"上创新，它要打破前台、中台、后台限制，颠覆现有的模式，而这恰恰是中台的基因之痛，它只适合做"组合式创新"，没法做"颠覆式创新"。

换电业务具有明显的互联网特点：用户使用高频，日均换电 3 次以上；用户实时性要求高，手机扫码归还低电量电池后需要马上弹出新的满电电池，否则就会耽误用户时间；用户端 App 的流畅性和易用性直接影响用户感知，需要持续地进行优化……这些高效、实时、准确的要求，既有的中台是无法满足的。

2. 第二曲线带来的非连续性

增长是企业的第一要务，但激烈的行业竞争又往往导致既有业务增长的乏力。在这种背景下，巨头们迫切地要找到企业增长的第二曲线。它们要赶在第一曲线到达极限点之前，找到第二曲线的破局点，只有找到了第二曲线，企业才能继续增长（具体请见图 7-5）。

从第一曲线向第二曲线的转折是非常困难的。创新理论鼻祖熊彼特曾说：无论把多少辆马车连续相加，都不能造出一辆火车出来。从第一曲线向第二曲线转折有一道鸿沟，这就是非连续性，哈佛商学院教授克莱顿·克里斯坦森称之为创新者的窘境。如果我们还是基于既有中台进行开发的话，那么，我们的平台也将是非连续的、存在断点的，也就意味着无法为用户提供闭环服务。这就需要中台变薄，通过增强前台来弥补断点区间的非连续性。

### 3. 康威定律促进了中台的敏捷

康威定律可谓软件架构设计中的第一定律，它是马尔文·康威于1967年提出的，经过《人月神话》这本软件界"圣经"的引用，被命名为康威定律并得以推广。它的主要观点是"设计系统的架构受制于产生这些设计的组织的沟通结构"，通俗来说，也就是系统架构要适应组织的变化。

换电业务作为一项探索性的新兴业务，其业务流程、管理模式、功能模块等都是不断变化的，这就对中台的敏捷性提出了非常高的要求。中台不要试图一开始就设计出完美的系统，只能是先做出来，再不断地根据业务和组织情况进行迭代。

好的架构不是设计出来的，它需要中台具有很高的敏捷性，并跟随业务不断演化。所以换电业务中台要做薄、做敏捷、变快速，以灵活地响应市场，支撑业务创新和发展的步伐。

综上所述，换电平台的演进模式就是"小中台，大前台"：把中台做薄、做敏捷、变快速的同时，以业务板块为核心，打造超级换电 App。

## 7.5 "车电分离"情景下的智能中控系统

《电动自行车安全技术规范》与《关于进一步加强电动自行

车消防安全管理工作的通知》的下发，表明了国家坚决整治电动自行车进楼入户、飞线充电的决心。

尽管国家对充电场所进行了严格限制，但即时配送业务却不能叫停。预计到 2023 年年底，我国即时配送新经济电动车需求规模将达到 1100 万辆，而骑手的从业周期一般只有 3～5 个月，自购车辆的性价比显然不高，因此"车电分离"的租赁模式应运而生。

## 7.5.1 "车电分离"与智能中控系统

"车电分离"即外卖和快递人员既不自购电动车辆，又无须持有配电电池，而是车和电池均采取租赁的运营模式。

可以说，国家政策是"车电分离"的催化剂。"新国标"的实施从技术角度推动了电动车行业的快速变革，而各部门对传统充电模式的取缔和管控，则带动了"车电分离"模式的市场刚需。

在"车电分离"模式下，电池每天都会回到换电柜进行充电，由于电池自身装配有 BMS 和通信定位模块，因此相对来说比较易于管理。但对于车辆而言，在租赁期限内会一直被骑手持有，因而租赁车辆的资产保全管理和运营管理就成了当务之急。智能中控系统的出现及时有效地解决了这个问题。

智能中控系统（以下简称中控）是指通过收集电动自行车电池的 BMS、电机控制系统等信息，并进行处理、分析及反馈的车辆智能控制终端。中控支持蜂窝网络、蓝牙、RF 遥控等多种通信方式，具备车辆定位、车辆防盗、车辆控制、车辆信息交互及平台信息交互等功能，其工作原理如图7-13所示。

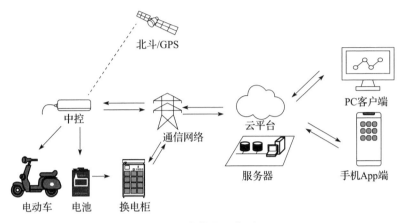

图7-13　中控的工作原理

可以看出，中控其实是个智能模块，主要有三大功能：监控、通信和定位。有了这三大功能，中控就能支持异常自动锁电机和外接各种电子锁，如电动锁、后轮锁、车机锁等，大大提高了车辆的安全防盗水平，最大限度实现了资产保全；同时，中控的无钥匙启动、自动设防、语音播报、限速控制及远程锁车速等功能也推动了整车电气系统的智能化；车辆运营商还可以通过中控对车辆的行驶距离、车辆自身状况、骑手骑行习惯等数据积累来进行精细化管理，从而提升车辆的运营管理水平。

## 7.5.2　中控的组成

我们先来看一下中控的外形，如图7-14所示，这是深圳思科尔特生产的适用于电动自行车的4G中控，规格尺寸为

95mm×50mm×18mm，工作电压 9V ～ 100V，内置 400mA 聚合物锂电池，支持北斗定位、GPS 定位、基站定位和 WI-FI 定位，配置 4G CAT1 通信模块。

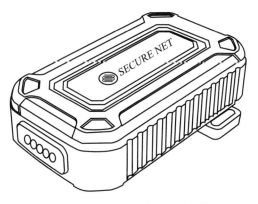

图 7-14　电动自行车的 4G 中控

在装载中控之后，其读取了的车辆电池 BMS 信息就会通过线束传输至车辆前端的仪表。这时，骑手就可以通过仪表显示屏看到电池的剩余电量，实时灵活安排自身的配送路线和换电时间，提升骑行体验和效率。

中控的核心部件是微控制单元（Microcontroller Unit，MCU），类似于汽车的 ECU，主要功能是实现对相应系统的控制功能，如 ACC 轮动锁车、喇叭扬声器、电机锁等。同时，中控还配有通信定位模块和供电模块，实现车辆的实时定位、信息传输和供电。然后，中控通过与整车部件的协同来完成相关功能的实现。

一般意义上的中控的组成架构如图 7-15 所示。

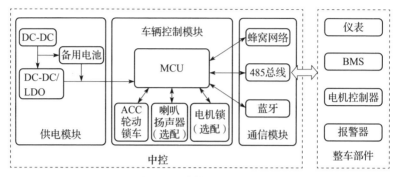

图 7-15 中控的组成架构

### 7.5.3 中控的三大功能

前面说到,中控共有三大功能,其作用都非常清晰,本节将具体讲述这三大功能的工作原理和实践应用。

1. 监控

中控主要通过读取两方面的信息进行监控:一是通过 BMS 读取电池的状态信息,比如电池电压、温度、剩余电量、充放电管理等;二是通过电机控制器读取车辆启动、行驶等方面的信息,比如车速控制、车辆启动、灯光控制、电池仓、电机控制、仪表控制等。目前比较常用的监控功能有七种。

(1) ACC 检测,即车辆点火开关检测。ACC 开,车辆处于启动状态;ACC 关,车辆处于熄火状态。MCU 检测到 ACC 状态的改变后,通过蜂窝网络将 ACC 信息上传云平台。

(2) 启动、熄火控制。支持平台或手机通过蜂窝网络或蓝牙下发启动或者熄火命令给中控,中控收到对应命令后控制车辆启动或者熄火。当然,也可以通过遥控器的方式控制车辆的启动或者熄火。

（3）设防、撤防。支持平台或手机通过蜂窝网络或蓝牙下发设防或者撤防命令给中控，中控收到对应命令控制车辆的设防或者撤防。当然，也可以通过遥控器的方式控制车辆的设防或者撤防。设防即设定防盗状态，通常一键设防包括围栏报警、震动报警、断油断电报警等。在设防之后，这些相关的报警功能就会生效。当相对应的场景发生时，就会启动相对应的报警功能。撤防就是撤销车辆防线，一旦进行ACC撤防，那么，车辆失去了既定的电子防护圈，也就不存在对应的报警功能了。

（4）供电保障。首先，中控应装有可充电的备用电池，在主电源断电后保证中控工作时间不小于24小时。车辆电池拔出，中控供电电源会发出断电报警并自动切换至备用电池；车辆电池接入，中控供电电源自动切换至车辆电池。其次，中控要通过485总线和BMS通信获取车辆电池信息，包括电池电压、电池电量、电池温度、循环次数、SOC等。备用电池的电量信息会定时通过蜂窝网络上传云平台。

（5）异动报警。当车辆在设防状态时，支持检测车辆的震动和倾倒异常动作，检测到异常动作后产生报警，并锁死车轮15秒，同时通过蜂窝网络把报警信息上传云平台。这种报警包括轮动报警和震动报警，前者指在设防状态下检测到车辆轮动会上报轮动报警，后者指在ACC关状态下检测到车辆震动会触发震动报警。

（6）锁控功能。该功能下包括电池仓锁、头盔锁和外卖箱锁。电池仓锁可以防止电池的丢失，头盔锁能确保头盔的穿戴和归还，外卖箱锁能防止货物的丢失。

（7）语音输出。支持根据车辆状态变化进行语音提示，根据报警的类型进行语音报警。

2. 通信

（1）蜂窝通信。蜂窝通信是指通过电信运营商的通信网络来完成普遍场景的通信和传输。这种无线通信技术把一个地理区域分成若干个小区，这些小区被称作"蜂窝"（即Cell），蜂窝通信技术因此而得名。从1978年美国贝尔实验室开发第一代无线通信技术（即1G），到现在已经发展到第五代（即5G）。

（2）蓝牙通信。在蜂窝网络信号强度不满足通信需求时，中控还可以通过蓝牙与手机终端进行数据交换，实现车辆基本控制功能（车辆上电、断电、设防、撤防、开锁）。蓝牙通信于1994年由瑞典的爱立信（Ericsson）发明，目前由蓝牙技术联盟（Bluetooth SIG）进行标准维护。作为一种小范围无线连接技术，它能在设备间实现方便快捷、灵活安全、低成本、低功耗的数据通信和语音通信，是实现无线局域网通信的主流技术之一，有效解决了地下车库、山区等通信信号强度较弱时的通信需求，是蜂窝通信的有效补充。但是蓝牙通信存在以下几个问题。

蓝牙的功耗：蓝牙传输数据的频率不高，在传输数据的过程中耗能较少，但是，为了及时响应连接请求，在等待过程中的轮询访问却是十分耗能的。

蓝牙的连接：蓝牙的连接过程相对烦琐，涉及多次信息传递与验证，这在一定程度上影响了用户体验。

蓝牙的安全性：蓝牙的首次配对需要用户通过 PIN 码验证，PIN 码生成之后，设备后续连接会自动进行认证。但黑客有可能破解 PIN 码来进行攻击。

由于上述问题的存在，蓝牙通信技术自 1998 年发布 1.0 版本以来，到 2022 年已历经多个版本，如表 7-5 所示，其传输速度和传输距离均已大大提升。

表 7-5 蓝牙通信技术的五代不同版本

| 蓝牙通信技术版本 | | 发布时间 | 最大传输速度 | 传输距离 |
| --- | --- | --- | --- | --- |
| 第一代 | 蓝牙 1.0 | 1998 年 | 723.1Kbit/s | 10 米 |
| | 蓝牙 1.1 | 2002 年 | 810Kbit/s | 10 米 |
| | 蓝牙 1.2 | 2003 年 | 1Mbit/s | 10 米 |
| 第二代 | 蓝牙 2.0+EDR | 2004 年 | 2.1Mbit/s | 10 米 |
| | 蓝牙 2.1+EDR | 2007 年 | 3Mbit/s | 10 米 |
| 第三代 | 蓝牙 3.0+HS | 2009 年 | 24Mbit/s | 10 米 |
| 第四代 | 蓝牙 4.0 | 2010 年 | 24Mbit/s | 50 米 |
| | 蓝牙 4.1 | 2013 年 | 24Mbit/s | 50 米 |
| | 蓝牙 4.2 | 2014 年 | 24Mbit/s | 50 米 |
| 第五代 | 蓝牙 5.0 | 2016 年 | 48Mbit/s | 300 米 |
| | 蓝牙 5.1 | 2019 年 | 48Mbit/s | 300 米 |
| | 蓝牙 5.2 | 2020 年 | 48Mbit/s | 300 米 |
| | 蓝牙 5.3 | 2021 年 | 48Mbit/s | 300 米 |

蓝牙目前的版本主要有两个：BT 和 BLE。BT 是经典蓝牙，BLE（Bluetooth Low Energy）是在经典蓝牙基础之上继而发展的，其最大的特点是成本和功耗的降低。中控使用的是 BLE，且满足中控功能的蓝牙版本应在 BLE 4.0 及以上，空旷环境下工作距离应在 10～20 米。

（3）485通信、CAN通信。除了蜂窝通信和蓝牙通信，中控还支持通过485、CAN来提供BMS通信。目前国外大都是CAN通信，而国内主要是485通信，也有一些高端车辆采用CAN通信进行连接。

485通信是我国为了降低连接成本而独创的一种通信方式，即采用半双工工作方式㊀，支持多点数据通信。它采用终端匹配的总线型结构，即用一条总线将各个节点串接起来，如图7-16所示。

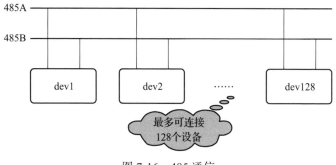

图7-16　485通信

CAN总线是控制器局域网络（Controller Area Network，CAN）的简称，是由以研发和生产汽车电子产品著称的德国BOSCH公司开发的，并最终成为国际标准（ISO 11898），是国际上应用最广泛的现场总线之一。当时主要是为了解决因汽车中电子设备数量不断增加而产生的在汽车这个有限空间的布线问题，从而减少线束，实现信息共享和控制的实时性（见图7-17）。

---

㊀ 指在通信过程的任意时刻，信息既可由A传到B，又可由B传到A，但只能有一个方向上的传输存在。

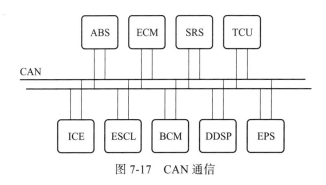

图 7-17 CAN 通信

表 7-6 清晰地对比了 RS-485 与 CAN-bus 的特性。

表 7-6 RS-485 与 CAN-bus 特性对比

| 比较项目 | RS-485 | CAN-bus |
| --- | --- | --- |
| 材料成本 | 低 | 较高 |
| 网络特性 | 单主网络 | 多主网络 |
| 总线利用率 | 低 | 高 |
| 数据传输率 | 低 | 高 |
| 容错机制 | 无 | 可靠 |
| 通信距离 | 低于 1.2km | 可达 10km |
| 通信失败率 | 高 | 低 |
| 网络调试 | 较难 | 容易 |
| 节点错误影响 | 往往导致整个网络瘫痪 | 无影响 |
| 前期开发难度 | 标准 Modbus | 标准 CAN-bus 协议 |
| 后期维护成本 | 高 | 低 |

电动自行车传输的数据量不大，线缆数量也不是很多，从性价比角度考虑，国内使用 485 总线的方式连接是最优解。如果是为了提升用户体验和通信顺畅，也可以直接采用 CAN 通信。

（4）遥控器。中控支持遥控器对车辆的控制，包括启动、熄火、设防、撤防等。遥控器保留的原因一方面是延续用户的使用习惯，另一方面也是为了降低功耗。目前主流的遥控器有两种：红外遥控器和射频遥控器。

红外遥控器使用红外光线发送信号，具有指向性强、不可穿透障碍物、抗干扰能力强、兼容性强等特点。而射频遥控器使用无线电波传导信号，可全方位立体式覆盖，在控制范围内，无须对准被控设备即可进行遥控操作，可穿透墙体等障碍物，兼容性差，功能扩展性强。

除此之外，也有使用蓝牙遥控器的，但是成本和耗电相对前两种较高。目前主流使用的是射频遥控器，其功能、性价比和功耗综合来看比较好。

3. 定位

中控同时支持 GPS、北斗定位和基站定位，并优先采用 GPS 或北斗定位，当 GPS 或北斗定位无效时，使用基站辅助定位。中控也支持通过蜂窝网络定时上报定位数据到云平台，云平台可依据此数据统计车辆里程和行车轨迹等信息。车辆运营商可对运行轨迹进行分析，以提升车辆的运营效率。车辆设防后，中控还支持开启以车辆位置为原点、围栏距离为半径的电子围栏功能，当中控检测到车辆超出了围栏距离时，通过蜂窝网络把报警信息上报至云平台。

目前定位的主要问题还是准确性问题。通信模块主要采用 4G CAT1，已经非常成熟，但定位模块的硬件和软件尤其是软件算法还有待进一步提升。

## 7.6 分时电价机制下的业务创新

2021年7月29日，国家发展改革委发布《国家发展改革委关于进一步完善分时电价机制的通知》（发改价格〔2021〕1093号）。该通知提出，将优化峰谷电价机制，并建立尖峰电价机制。尖峰电价在峰段电价基础上上浮比例原则上不低于20%。

分时电价是指按系统运行状况，将一天24小时划分为若干个时段，每个时段按系统运行的平均边际成本收取电费。

### 7.6.1 分时电价机制的实施原因

在现阶段，由于电能无法大规模存储，生产与消费需要实时平衡，不同用电时段所耗用的电力资源不同，供电成本差异很大：在集中用电的高峰时段，电力供求紧张，为保障电力供应，输配环节需要加强电网建设、保障输配电能力，发电环节需要调动高成本发电机组顶峰发电，供电成本相对较高；在用电较少的低谷时段，电力供求宽松，供电成本低的机组发电即可保障供应，供电成本相对较低。

分时电价机制又可进一步分为峰谷电价机制、季节性电价机制等。峰谷电价机制是将一天划分为高峰、平段、低谷等，季节性电价机制是将峰平谷时段划分进一步按夏季、非夏季等做差别化安排，对各时段分别制定不同的电价水平，使分时段电价水平更加接近电力系统的供电成本，以充分发挥电价信号作用，引导电力用户尽量在高峰时段少用电、低谷时段多用电，从而保障电力系统安全稳定运行，提升系统整体利用效率，降低社会总体用电成本。

进一步完善分时电价,特别是合理拉大峰谷电价价差,是有利于新能源储能发展的措施,对促进风电、光伏发电等新能源加快发展、有效消纳,着眼中长期实现碳达峰、碳中和目标也具有积极意义。

### 7.6.2 分时电价机制的六大内容

此次全面推行分时电价的最大亮点在于合理拉大了峰谷电价价差,为引导电力用户削峰填谷、优化用电方式、储能加快发展释放了清晰强烈的价格信号。下面我们来解读一下它的六个主要内容。

1. 优化峰谷电价机制

要求科学划分峰谷时段,各地应根据电力供需状况、系统用电负荷特性、新能源装机占比、系统调节能力等因素,把一天24小时科学划分成尖峰、高峰、平段、低谷、深谷5个时段。在高峰时段引导用户节约用电、错峰避峰;在低谷时段促进新能源消纳、引导用户调整负荷。要合理确定峰谷电价价差:系统峰谷差率超过40%的地方,峰谷电价价差原则上不低于4∶1;其他地方原则上不低于3∶1。

2. 建立尖峰电价机制

要求各地在峰谷电价的基础上推行尖峰电价机制,主要基于系统最高负荷情况合理确定尖峰时段,尖峰电价就是在高峰的基础上进一步将时间段缩减至1～2个小时,在高峰电价基础上提高不低于20%。可参照尖峰电价机制建立深谷电价机制。

### 3. 建立健全季节性电价机制和丰枯电价机制

要求日内用电负荷或电力供需关系具有明显季节性差异的地方，健全季节性电价机制；水电等可再生能源比重大的地方，建立健全丰枯电价机制，合理确定时段划分、电价浮动比例。

### 4. 明确分时电价机制执行范围

要求各地加快将分时电价机制执行范围扩大到除国家有专门规定的电气化铁路牵引用电外的执行工商业电价的电力用户；对部分不适宜错峰用电的一般工商业电力用户，可研究制定平均电价，由用户自行选择执行。

### 5. 建立动态调整机制

要求各地根据当地电力系统用电负荷或净负荷特性变化，参考电力现货市场分时电价信号，适时调整目录分时电价时段划分、浮动比例。

### 6. 加强与电力市场的衔接

要求电力现货市场尚未运行的地方，电力中长期市场交易合同未申报用电曲线或未形成分时价格的，结算时购电价格应按目录分时电价机制规定的峰谷时段及浮动比例执行。

由上述内容可以看到，在这种分时电价的机制下，既可确保在电力系统峰谷差大、安全稳定运行保障难度大的地方，能够形成有效的峰谷电价价差，引导用户在高峰时段少用电、在低谷时段多用电,并为抽水蓄能、新型储能等系统调节能力加快发展提供更大空间,促进新能源的生产和消纳;也兼顾到了系统峰谷差相对小的地方的实际情况,避免不必要地拉大峰谷电价价差影响用户正常用电。

### 7.6.3 换电各方的四大应对策略

轻型车换电业务是一项典型的高耗电量业务。据统计,目前每个换电用户平均每天换电 3 次。按 60V 20Ah 每组电池充满电耗电量约为 1.2 度⊖、每次剩余电量 40% 计算,那么,充 3 次电的耗电量在 0.7×3=2.1 度左右,按 12 仓换电柜的规格计算,那么每天的耗电量在 25 度左右。如果是 4 万个换电柜的话,那么每天的耗电量在 100 万度,也是个天文数字。

针对此次全面推行的分时电价机制,换电企业应在全面评估本区域换电柜换电频次、换电用户数量、换电潮汐现象的基础上,优化换电柜的充电逻辑。通过引入有序充电方式,利用峰谷价差降低度电成本;通过配置换电柜集群的储能来削峰填谷,降低电费成本;通过参与电力辅助服务获取电网调峰服务收益;同时辅之以有效的转供电管理和电费的精细化管理,进一步提升换电的运营效率和效益水平。

#### 1. 通过有序充电策略实现削峰填谷

削峰填谷,是指电力企业通过必要的技术手段和管理手段,结合部分行政性手段,降低电网的高峰负荷,提高低谷负荷,

---

⊖ 1 度 = 1 千瓦·时。

平滑负荷曲线，提高负荷率，降低电力负荷需求，减少发电机组投资和稳定电网运行。

如图 7-18 所示，我们来看一下天津电力部门的峰谷电价时段。

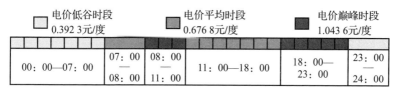

图 7-18　天津电力部门峰谷电价时段

如图 7-19 所示，再来看一下换电柜的有序充电方案。

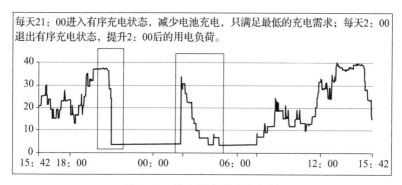

图 7-19　换电柜有序充电方案

两相对比，可以得出一个可行的优化换电柜的充电方案：每日 21 点～次日 2 点换电柜进入有序充电状态，保证少量（≤3组）满电电池或充电电池，其余电池停止充电，降低 21 点～23点电价峰值时段用电量；次日 2 点后换电柜退出有序充电状态，除 SOC 100% 和触发充电保护机制的电池外，其余电池全部进入充电状态,增加 2 点~6 点电价谷值时段用电量。

### 2. 通过配置换电柜集群的储能来削峰填谷

如果以 12 仓换电柜、每组电池耗电 1.2 度计算,则每个换电柜的目标功率在 15kW。如果是超级换电站,比如 10 个换电柜集群,那么功率至少在 100kW。这就具备了配置用户侧储能的可行性。此种场景下的用户侧储能配置,既可采用全新的磷酸铁锂电池或钛酸锂电池,也可以梯次利用退役的换电电池,一举多得。

这项策略正好也与 2021 年 7 月发布的《国家发展改革委国家能源局关于加快推动新型储能发展的指导意见》(发改能源规〔2021〕1051 号)高度吻合。该指导意见多次强调了储能安全,包括以建立安全技术标准及管理体系,强化消防安全管理,严守安全底线为基本原则;在高安全、低成本、高可靠、长寿命等方面取得长足进步;强化电化学储能安全技术研究等。

### 3. 建设虚拟电厂介入电力辅助服务市场

电力辅助服务,是指为维护电力系统的安全稳定运行,保证电能质量,除正常电能生产、输送、使用外,由发电公司、电网公司等为市场化用户提供的服务。有偿辅助服务包括自动发电控制、有偿调峰、备用、有偿无功调节、黑启动等(见图 7-20)。

2014 年,国家能源局印发《关于积极推进跨省跨区电力辅助服务补偿机制建设工作的通知》(国能综监管〔2014〕456 号),将跨省跨区交易电量纳入电力辅助服务补偿机制范畴。目前，电力辅助服务补偿机制除西藏尚未建立外，在全国范围内基本建成，运行效果普遍较好，为进一步推进电力市场建设奠定了基础。

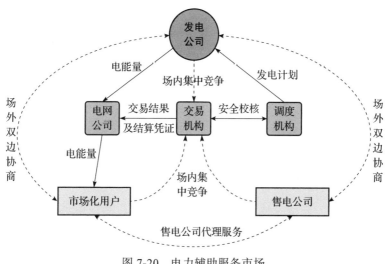

图 7-20 电力辅助服务市场

2018 年 2 月 28 日，国家发展改革委、国家能源局下发了《国家发展改革委 国家能源局关于提升电力系统调节能力的指导意见》（发改能源〔2018〕364 号），意见要求鼓励分布式储能应用；着力提高电力系统的调节能力及运行效率，从负荷侧、电源侧、电网侧多措并举，破解新能源消纳难题，推进绿色发展；鼓励储能设备、需求侧资源参与提供电力辅助服务，允许第三方参与提供电力辅助服务。其中第三方参与是关键信息，可以从三个方面来解读。

（1）换电业务参与需求侧响应的路径。即利用无线通信、计量、协调控制技术，聚合分布式换电柜资源形成有机整体，实现全网分布式换电柜的协同优化运行。建设具备完善的电能在线监测与运行管理系统、分钟级负荷监控能力的虚拟电厂管理平台，优化用电负荷，提高电能管理水平和利用效率。通过电力部门的响应性能校验，将监测数据送至电力部门管理平台，参与邀约需求响应与实时需求响应。

（2）市场主体与准入。分布式储能、电动汽车（充电桩、充换电站）、电采暖、虚拟电厂（可控负荷）等第三方独立主体可独立参与调峰市场；也可通过聚合的方式，由聚合后第三方独立主体代理参与调峰市场。虚拟电厂可参照聚合、分类方式参与调峰市场。

（3）结算与分摊。第三方独立主体参与调峰市场的基准功率曲线，需基于该资源的历史运行功率数据、历史充（用）放电电量数据，以及同类型资源的普遍运行规律，采用数学拟合方法确定。

### 4. 加强转供电和电费的精细化管理

转供电是指电网企业无法直接供电到终端用户，需由其他主体转供的行为。通俗地说，由于种种原因，供电企业没有装表到户、抄表到户、收费到户，终端用户的电费没有直接交给供电企业而是交给了转供电主体。

为减轻最终电力用户用电负担，争取有利电费价格，各地电网部门应积极运用大数据技术解决转供电价优惠政策落地难的问题，探索形成以"转供电费码"为基本手段的转供电价格监管新模式，通过线下巡查检查、线上短信通知、微信公众号等多种方式指导企业正确申领转供电费码。

以浙江省为例，当月转供电环节加价幅度在 30% 及以上（高度疑似存在问题）、15%～30%（疑似存在问题）、15% 及以下（基本合理）三个区间，会分别自动生成红黄绿三色转供电费码，实行价格违规风险提示。市场监管部门对连续两个月红码、黄码所对应的转供电主体及时进行上门核查和抽查，针对性开展提醒告诫，监督执行优惠政策，并要求限期整改清退。另外，转供电公司如若不执行政府定价也将受到严厉的惩罚。其他各地也可效仿这种做法，充分利用当地的"转供电费码"政策，与当地政府、电网、转供电公司或个人沟通协调，最大限度降低转供电的资费水平。

在电费管理方面，首先应建立换电柜电费分析机制。加强电费分析管理，根据换电柜换电次数出具电费标杆，按月披露异常电费，杜绝跑冒滴漏现象。其次应严控转供电比例。原则上新建换电柜尽量不使用转供电，确需转供电抢占市场的，需要一事一议。最后要建设多个换电柜共享站址，采用"一址多柜"降低平台施工和选址成本，从而降低引电成本。

国家分时电价机制的出台，标志着我国电力市场化价格机制和市场化交易机制进入了一个新的时代。换电业务作为一项新兴的战略性业务，要积极充分利用此项政策，进一步提升换电业务的精细化运营水平、运营效率和运营效益。

# CHAPTER 8
## 第 8 章

# 汽车换电的"双赢局面"

## 8.1 从 Better Place 看汽车换电的前世今生

### 8.1.1 破晓诞生

说到电动汽车换电,就不得不提 Better Place 这个全球换电网络的鼻祖。而提到 Better Place,就势必要从它的创始人夏嘉曦(Shai Agassi)讲起。

夏嘉曦 1968 年出生于以色列的特拉维夫。他 7 岁时就进入特拉维夫大学的计算机房里编写电脑程序,24 岁时创建了软件公司 TopTier。TopTier 后被德国软件巨头思爱普公司(SAP)以 4 亿美元收购,夏嘉曦也由此进入思爱普,成为该公司最年轻的董事,并一度有望成为 CEO。

2007年，石油价格不断上升，传统燃油车的运营成本也随之上涨；电动汽车由于使用的是动力电池，随着电池生产的规模化，其运营成本反而逐渐下降。39岁的夏嘉曦敏锐地观察到了这一点，他开始从商业价值的角度思考：如何让国家不依赖石油也能正常运转，如何在2030年之前把地球变成一个"更美好的地方（A Better Place）"，这也是后来Better Place公司名字的由来。

### 8.1.2 扬帆启航

Better Place创立的初衷是要快速普及纯电动汽车，让全世界减少对石油的依赖，因此它曾一度成为以色列这个创业国度的先锋旗帜。Better Place向全世界描绘了一幅现代科技与环保理念和谐并行的美好图景：当你开着电动汽车行驶在公路上，电量储备临近50%时，它就会自动提示需要补电，并用车载的移动导航系统将你带到最近的Better Place电池屋，在那里，你只需要花1～2分钟就可以更换电池并继续行驶。

这种先进的换电模式和环保理念得到了以色列政府的大力支持。以色列虽然位于中东，但石油资源却极度匮乏，用新能源替代石油是以色列迫在眉睫的国家级战略。夏嘉曦的演说深深打动了曾连任两届总理的佩雷斯，在他的极力推崇下，当时的以色列总理奥尔默特认可了夏嘉曦和他的换电计划，但同时开出了两个条件：必须和世界五大汽车制造商中的其中一家签约；筹集2亿美元资金用于开发智能电网，将现有的50万个停车场改造成换电站。

继佩雷斯和奥尔默特之后，第三个对夏嘉曦的电动理念表示认可的，是当时雷诺日产的 CEO 戈恩。他说："夏嘉曦的观点绝对正确，我们肯定是站在同一条战线上了。我相信未来属于电力，我们有车，也会有蓄电池。"

夏嘉曦之所以会和雷诺日产合作，是因为当时全球最畅销的纯电动汽车日产聆风就来自雷诺日产。在随后的 2010 年巴黎国际车展上，雷诺日产发布了商用版 Fluence Z.E.，这是雷诺日产首款支持换电模式的车型。2012 年，Better Place 与雷诺日产签署协议，计划在 2016 年前在以色列和丹麦两国销售 10 万辆 Fluence Z.E. 电动汽车。

与此同时，Better Place 获得了 8.5 亿美元融资，其中以色列的亿万富翁伊丹·奥弗最先出资 1.3 亿美元，后续投资者包括 Israel Corp、通用电气、恒生银行、欧洲投资银行、摩根士丹利以及 VantagePoint Capital Partners 等。

### 8.1.3　且战且退

Better Place 的换电模式非常简单：需要换电的电动汽车驶入换电站后，一个平台会将车身托起，自动卸下车上的动力电池并替换上满电电池，随后电动汽车会被平台送回地面，然后驶出换电站。整个过程不超过 5 分钟，用户可以在车载 OSCAR 系统上观看换电的动画演示以及电量的变化过程。OSCAR 是 Better Place 自行开发的换电系统，该系统安装在电动汽车的车载系统上，除了具有导航功能，还能显示电池剩余电量、查询并定位换电站位置、为驾驶者规划出包括换电步骤的行驶路线等。

为了尽快打开市场，Better Place 在以色列、丹麦、中国、美国等多个国家尝试了大量落地运营。

Better Place 把最早的运营市场选在了以色列和丹麦，主要合作伙伴是雷诺日产。Better Place 在以色列的特拉维夫、丹麦的哥本哈根都开放了体验中心，每年的参观人数有近 10 万；在以色列全国建成了 70 座换电池自动交换站，并在丹麦投建了 18 座换电站。

在以色列和丹麦运营的基础上，Better Place 积极开拓中国市场。2010 年在北京举行的 2010（第十一届）北京国际汽车展览会上，Better Place 副总裁乔·保斯卡和奇瑞汽车副总经理袁涛签署合作协议，双方共同展示了一辆可更换电池的奇瑞 G5 电动汽车样车以及 Better Place 的电池更换和充电设备，以期共谋电动汽车产业化的新途径。根据该协议，奇瑞汽车将与 Better Place 联合开发量产型可更换电池电动汽车，并研究领先的电动汽车充电网络解决方案，以共同推动新能源汽车的产业化和民用普及。

2011 年，Better Place 又与中国南方电网签订了关于换电模式的战略合作协议，计划在广州建立一个电池换电站及体验中心，并共同努力组建合资公司。双方一致认为，网络设施对于电动汽车的广泛普及非常重要，中国电动汽车的未来趋势或以更换电池为主。电动汽车如果只采用充电方式，耗时长且造价高，用户在高峰期充电也会给电网运行带来很大压力。而如果使用换电模式，电池管理者就可以在夜间等用电低谷期对换电电池进行统一充电，这对削峰填谷和有效利用电力资源是非常有利的。

此外，Better Place 还曾向比亚迪表达过合作意向，但当时的比亚迪并没有发展换电模式电动汽车的计划，因为相比换电模式，比亚迪更加看好充电模式。夏嘉曦曾表示"比亚迪贯穿了从整车到电池、电机、电控甚至充电桩等整个产业链，而我们只提供一个服务环节"，这是双方难以合作的最大痛点，且短期之内无法攻克。

2013 年 2 月，由于高投入且零回报，Better Place 停止了在美国加利福尼亚州开展的换电业务。美国政府也表示将不会大力推广换电模式。离开美国之后，Better Place 试图重回欧洲战场，但在经过一段时间的尝试之后，终究还是无力回天。

### 8.1.4　落下帷幕

2013 年 5 月 26 日，Better Place 中国区的官方微博发文写道："Today is very sad and difficult for all of us-the Better Team.（对于 Better place 团队，今天是个悲伤与苦难的日子）"这句话后面还留下了一个悲伤的表情。当天，Better Place 董事会声明称，"因为我们无法找到合适的投资者参与这项投资，公司将按照程序向法院提交清算申请"。

至此，这家在 6 年内烧光 8.5 亿美元投资的换电企业以失败告终。很多人认为这不仅仅是一家公司的破产，更是一份换电模式的失败宣言。但实际上，换电模式是个新兴产业，很多方面还在探索阶段，因噎废食绝不可取，只有痛定思痛，总结前人的经验教训，才能在未来的市场发展中少走弯路。

认真总结一下 Better Place 衰落的原因，无非有三点：高昂的投资和运营成本、缺乏车企的支持和配合、换电电池的标准不统一。

1. 高昂的投资和运营成本

换电网络的建设需要大量的资本投入，包括不限于土地和引电成本、换电网络建设成本、电池购置成本和日常的运营管理成本等。当时一座换电站的基础造价就高达 50 万美元，再加上维护费用，成本怎样都要超过 100 万美元。那时的电池技术还不成熟，而且成本高昂，每运营两三年后就需要大批量更换电池。此外，随着生产规模的扩大，电池的购置成本也在逐步下滑，早期为了打造成本优势而购置的那批电池对 Better Place 来说，无疑是个定时炸弹。诸多原因导致换电模式投资巨大且短期内没有收益，业务发展进度远低于预期，所以 Better Place 的现金流很快就开始枯竭。

2. 缺乏车企的支持和配合

当时跟 Better Place 合作的车企只有雷诺日产一家，双方的合作形式也仅仅只是采购车辆，Better Place 最初承诺要销售 10 万辆 Fluence Z.E.，最终销量仅为 1400 辆。这成了压死骆驼的最后一根稻草，就连曾经看好 Better Place 的雷诺日产 CEO 戈恩也重新表态"换电模式是死路一条，Fluence Z.E. 将是雷诺日产最后一款使用换电模式的电动汽车"。

3. 换电电池的标准不统一

由于可支持换电的车型十分有限，换电电池适配的车型只有一两款，无法根据车型扩大电池的适配规模，难以实现换电的规模化和普适性，因此换电业务短期内无法对早期的投资进行回收。

Better Place 虽已破产，但其创始人夏嘉曦仍然活跃在电动汽车的舞台上。Better Place 虽已完全清退，但换电模式现在遍地开花。在国内，蔚来、宁德时代、奥动等正在换电赛道上高歌前行，换电业务终将承继夏嘉曦和所有换电人的心愿，使全世界变成一个"Better Place"！

## 8.2 从 Ample 看万能适配的"积木换电"

### 8.2.1 顺势而立

2021 年 7 月的一天下午，美国旧金山一名 Uber 司机的日产 Leaf 即将耗尽电量，他把车停在了使命湾（Mission Bay，奥克兰有名的海滩度假胜地）附近的一个换电站。一组机械臂把车身从地上抬起，卸下已经空电的电池，换上满电的电池。仅仅过了 12 分钟，这辆日产 Leaf 就再次出发了，32kW·h 的能量足以让它行驶约 130 英里[○]。

这辆 Leaf 的电池生产商就是美国旧金山的 Ample，而这座换电站也特属于该公司所有（见图 8-1）。Ample 成立于 2014 年，是当时全美仅有的几家提供换电服务的公司之一。创始人哈桑纳和德索萨于 2021 年 3 月推出了一种相对廉价的、与车辆

---

○ 1 英里 = 1.6093 千米。

本身无关的换电技术，并在旧金山湾区部署了 5 家配套的换电站。这些换电站完全利用机器人来实现电池和车的移动与电池更换，整个换电过程仅需 10 分钟左右，有数百名 Uber 司机平均每天进行 1.3 次换电，比如本节开头提到的那位。

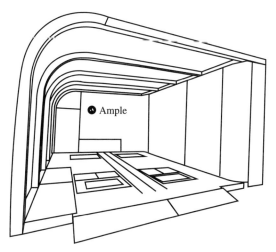

图 8-1　Ample 的换电站

2021 年 8 月，Ample 在新一轮的融资中筹集到了 1.6 亿美元，投资方包括企业投资者壳牌（Shell）和雷普索尔（Repsol），以及一些能源提供商，如日本的 Eneos 和泰国的 PTT。

在美国，大约有 15 万座加油站和 100 多万个油枪，公共电动车充电桩也有 10 万个左右，相比之下 Ample 的运营规模并不大。总统乔·拜登（Joe Biden）曾提出到 2030 年要建设 50 万个公共充电桩，用于扩大和改善快充网络，但换电模式并不在这些计划之内。用创始人哈桑纳的话来说："我们还没有足够的规模来让美国认识到这种需要，美国人的换电意识还有待唤醒。"

造成美国人重"充"轻"换"的一个重要原因是电池的重量。电动汽车的续航里程每增加一英里,其电池的重量就要增加几磅⊖,一辆续航里程为 250 英里的电动汽车可能需要携带重达 1000 磅的电池包。更换这么沉重的电池包可不是像给手电筒换几节 1 号电池那么简单,光建造一个能够处理这些负载的换电站,造价就在 100 万美元左右。从 2014 年公司创立开始,哈桑纳和德索萨花了整整七年时间去攻克这个难题,最终在 2021 年得偿所愿,这就是著名的积木换电。

### 8.2.2 化整为零

积木换电遵循的是一种全新的电池交换法则。电动汽车最昂贵的部件就是电池包,想让汽车制造商放弃对电池包的控制权,为所有的电动汽车都创建同一个标准的电池包几乎是不可能的。不同汽车制造商生产的电池兼容性也各不相同,为此,积木换电摒弃了传统模式下单一、巨大的电池包,而是化整为零,将其拆解成若干个大小相同的电池模块。模块的搭建方式和乐高积木相同,每个模块的大小和一个鞋盒差不多,可容纳约 3kW·h 的电量,重约 30 磅。这些模块相当于一块块标准适配板,通过不同的组合方式能够适用于不同车型。

有了积木换电,电动汽车电池的兼容性问题解决了,每辆车的不同之处仅仅在于它们所能容纳的模块数量。通常情况下,一辆紧凑型电动汽车需要负载 10 个左右的模块,一辆中型

---

⊖ 1 磅 = 453.592 37 克。

电动汽车需要 16～20 个，而一辆大型电动汽车可能需要多达 30 个。这种"鞋盒式"的模块架构可以集成到任何型号的电动汽车中，只需要在汽车下方创建一个标准化的适配板作为接口。这种适配板只需要容纳单个模块，因此其尺寸大小也和鞋盒差不多。当进入 Ample 的换电界面时，换电站的机器人会自动将汽车的适配板抬起并更换掉它上面的电池模块，适配板将新电池放回电池包并带出其他的空电电池，机器人会再次将适配板抬起并更换电池，如此循环直到所有的电池模块为满电状态。

积木换电模式带来的好处是显而易见的，从行业角度来看，可以更高效地利用电池资源，避免过度浪费；从消费者角度来看，可以进一步降低他们的购置成本和使用成本；从汽车制造商角度来看，不再需要围绕电池组去设计车辆，也不需要和竞争对手共享大型通用电池，甚至不需要对汽车进行任何修改，无论是在硬件还是软件方面，这极大地降低了安装电动汽车基础设施所需的成本和时间。

### 8.2.3　市场布局

目前 Ample 的主要客户是车队管理者、配送服务行业和网约车司机。这些客户的车辆每天行驶里程较长，充电又占据大量时间，频繁地充电会严重干扰他们的工作并影响收入。Ample 的换电服务对这类人群来说无异于雪中送炭。每个 Ample 换电站都有大约 10 辆车的电池，每小时可以服务 5～6 辆车。随着车辆的进出，所有的电池都在稳定地充电。换电站能够以每小时 500kW～1.5mW 的速度提供能量，而连接的功率只有 60～100kW，平均换电时间只需要 10 分钟。在旧金山的 Uber 司机可以向车队管理服务部门租用这种带有 Ample 换电服务的电动汽车，并每周向车队经理支付换电费用。车队则按照里程数目向 Ample 支付相应的能源费用，省去了去换电站需要支付的预付费用。

车队使用换电服务的能源成本通常比使用燃油车便宜 10%～20%，Ample 并未错过这块馅饼。自 2020 年开始，Ample 就与 Uber 建立了战略伙伴关系，帮助协调为司机提供车辆、保险和其他车队管理服务。2021 年 3 月，Ample 又以在旧金山湾区建立的五个运营站点为基础，与 Uber 建立了正式合作关系，司机可以从 Ample 租赁到一些经过 Ample 电池技术改造的车辆，如日产聆风、起亚等。

2021 年 6 月，Ample 宣布正式和日本石油能源公司 Eneos 合作，共同部署和运营日本的电池交换基础设施。双方于 2022 年全面试点了 Ample 的全自动交换技术，重点关注了出租车、市政、租赁和末端配送公司，此外还对换电站的其他用途进行了评估，例如作为能源网的备用电源。而就在这项合作启动的几天前，Ample 还跟纽约的电动汽车租赁商 Sally 公司建立了合作关系。Sally 公司专门为网约车和送货司机提供电动汽车，双方计划在湾区投放数百辆起亚 Niro 电动汽车，并在旧金山、纽约、洛杉矶和芝加哥部署 5～10 个电动汽车换电站。

2021 年 10 月，Ample 与美国纯商用电动汽车制造商 ELMS 确定了两种合作方式：能源即服务（Energy as a Service，EaaS）

以及移动即服务（Mobility as a Service，MaaS）。前者是将 ELMS 的 Urban Delivery Class 1 商用电动汽车与 Ample 的模块化换电技术相结合，为 ELMS 客户提供交钥匙能源和移动出行解决方案，从而降低初始车辆成本，并使客户只需为所消耗的能源付费。后者旨在提供"车电一体"服务，客户无须购买车辆，只需按英里支付使用费。Ample 与 ELMS 的合作满足了车队对能源输送的需求，也做实了 Ample 打造自己车队的基础。

Ample 的积木换电兼具商业性和技术性，既扩大了不同车企和车型的兼容适配性，又降低了电动汽车制造商对换电业务的抵触，可以说是换电企业与电动汽车制造商的双赢模式，未来 Ample 是否会进军中国市场，积木换电是否会引领换电业务翻开新的篇章，让我们随时间一同见证。

## 8.3 以蔚来为代表的车企模式

从 2014 年 11 月成立至今，蔚来已经走过了八个年头。对于大多数车企来说，这八年不过是行业征程中的隅隅一角，而在很多换电人眼中，这八年来，不仅蔚来成为造车新势力中代表国产高端汽车的龙头，由它开创的换电模式也给中国新能源汽车产业和换电市场带来了颠覆性的改变。

### 8.3.1 BaaS 模式

作为 Better Place 的忠实拥趸，2020 年 8 月 20 日，蔚来正

式推行国内首个真正意义上的"车电分离"模式，也就是电池即服务（Battery as a Service，BaaS）。这种模式既降低了用户的购车成本，又能提高车辆的补能效率。

在 BaaS 模式下，用户购车时不再购买电池，转而采用电池租赁的方式，从而实现车电分离。从本质上来说，BaaS 其实是把换电电池从一种能源产品转变成了一种能源服务，这是电动汽车发展史上技术创新与商业模式的双重突破。

在 BaaS 模式下，我们可以有一个近似的等式：电池累计花费 + 电费 = 油费。也就是说，在一辆电动汽车的生命周期中，用户在电池上累计的花费，加上充电的电费，跟同级别燃油车整个生命周期中的油费相比，从数值上来讲差不多是相等的。由此就产生了一个问题：在传统的燃油车用户中，没有人愿意在买车的同时另外花一大笔钱把未来需要使用的全部燃油一次性买清。那么对于电动汽车用户来说，买车时就需要购买一块价格昂贵的电池显然也是不合情理的。正是这个痛点催生了蔚来的 BaaS 模式。

以蔚来 ES6 运动版为例，其售价 35.8 万元；采用 BaaS 模式，用户只购车架而不买电池，则价格就是 28.8 万元，购车成本可以降低 7 万元。同时，每月租用 70kW·h 的动力电池，月租费用 980 元，电池保险 80 元，每月总花费 1060 元，即每月电池租用的费用共 1060 元。

在大力推行 BaaS 模式的同时，蔚来还在武汉同步成立了武汉蔚能电池资产有限公司，这是由蔚来、宁德时代等公司共同打造的全球首个数字化电池资产运营公司，旨在通过金融、数据和电池技术的跨界创新为新能源车主提供动力电池服务。有了这个专门的电池资产公司，蔚来就能够打造一个向消费者销售车架，向资产管理公司销售电池，再由资产管理公司将电池出租给消费者的商业闭环。这项多维度的跨界合作不仅能有效提高电池的利用回收率，降低资金成本，提升电池全生命周期的价值，同时还把提升电池保值率这一烫手山芋转移给了专业的资产公司，也就是说从真正意义上降低了电池的使用成本，为消费者带来了实打实的优惠。蔚来的 BaaS 运营模式如图 8-2 所示。

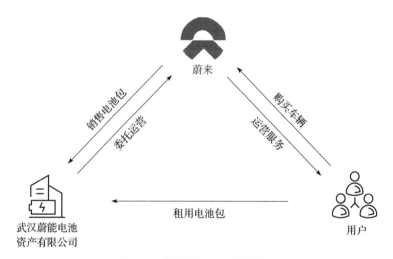

图 8-2　蔚来的 BaaS 运营模式

### 8.3.2　国内网络布局

2018 年 5 月 20 日，蔚来在深圳南山科技园建成了第一座换电站。整个换电过程使用全自动化智能服务，只需要大约 3 分钟，也就是一首歌的时间，就能让一辆空电的电动汽车"满血复活"。深圳南山科技园云集了腾讯、百度、阿里巴巴等一大批高科技互联网企业，是高科技产业和高收入人群的聚集地，而这些人群也正好是蔚来的目标消费群体。

截至 2022 年 7 月，蔚来换电站已覆盖中国大陆所有省级行政区。这些换电站中高速公路换电站有 256 座，主要覆盖京哈高速、京沪高速、京港澳高速、京昆高速、沈海高速、沪渝高速和沪昆高速全段、连霍高速苏陕段。其余换电站主要分布在长三角、粤港澳大湾区、京津冀和成渝城市群，初步形成了"五纵三横四大都市圈"高速换电网络。

未来，沪陕高速、沪蓉高速全段和京台高速京闽段，以及关中、中原、长江中游、山东半岛和海峡西岸城市群将完成贯通，形成"六纵五横九大城市群"高速换电网络。

到 2025 年，蔚来将在全国建成覆盖"九纵九横十九个城市群"的高速换电网络，为用户带来更便利的城际出行换电体验。

九纵：京哈高速、京沪高速、京港澳高速、京昆高速、沈海高速全段，京台高速京闽段、京藏高速京蒙段、长深高速津粤段和大广高速京粤段。

九横：青银高速、沪陕高速、沪蓉高速、沪渝高速、沪昆高速、包茂高速、广昆高速全段，连霍高速苏陕段和杭瑞高速浙湘段。

十九个城市群：京津冀、长三角、粤港澳大湾区、成渝、关中、山东半岛、长江中游、山西中部、中原、哈长、海峡西岸、辽中南、北部湾、滇中、黔中、呼包鄂榆、天山北坡、宁夏沿黄和兰州西宁城市群。

### 8.3.3 海外网络布局

在深耕国内换电网络的同时，蔚来也加快了海外布局的节奏。

欧洲是蔚来的主战场，而挪威作为欧洲最发达的国家之一，人均 GDP 与消费能力都非常符合蔚来的高端定位。挪威的电动汽车渗透率是全球最高的，它是欧洲第一个宣布将在 2025 年停售燃油车的国家。自 2012 年开始挪威政府就大力提倡电动汽车出行，并给出了很多优惠政策。截至 2022 年年初，挪威的电动汽车在全国汽车总量中占比已超过 85%，国民对电动汽车的接纳程度相当高。正是看准了这一机遇，蔚来开启了从挪威启航、扬帆欧洲的出海之路。

2022 年 1 月 19 日，蔚来在挪威最为繁忙的高速路段 E-18 沿途的一处服务区内建设了首座换电站，这里联结着挪威主要港口德拉门和首都奥斯陆，且毗邻度假山脉，车辆补给需求非常大。以这座换电站为主，以原有的蔚来充电桩为辅，二者相辅相成良性共存，彻底解决了当地的电动车主没有时间充电或者充电不及时的问题。

2022 年 8 月 15 日，蔚来在挪威的第二座充换电一体站于 Svarthagsveien 1,1540 Vestby 正式上线。该站上线对蔚来欧洲来说是非常重要的里程碑，这不仅是挪威的第二座换电站，也是连接挪威和未来欧洲充换电网络的重要纽带。根据蔚来官方的规划，蔚来将在 2022 年年底前在挪威建设 20 座换电站。

在进一步完善挪威市场布局的同时，蔚来还宣布进军德国、荷兰、瑞典、丹麦这四个重要市场。其中在德国推出的 ET7 型轿车，将直接对标同样采用了换电技术的宝马7系。预计到2025年，蔚来将在全球累计建成4000座换电站，其中海外建设超过1000座。

### 8.3.4 共享换电方案

换电模式缩短了电池的补能时间，给用户提供了巨大的便利，但它的缺点也是显而易见的，主要在于换电标准尚未统一，前期成本投入过高，短期内难以盈利，且不易与其他车企共享换电网络。基于此，蔚来正在考虑一种可行的解决方案：与其他汽车制造商共享换电平台，通过"共享换电"的方式扩大换电技术的采用与普及，以提高换电站的利用率和效益。

在国内市场，蔚来的潜在客户之一可能是吉利旗下的路特斯科技，蔚来曾通过其风险投资部门对路特斯科技进行投资；在国外市场，蔚来也正在与欧洲几家汽车制造商就换电技术的授权进行谈判，试图通过开放其充电站网络以及将换电系统出售给其他公司，扩大该技术的使用范围，同时消除消费者对充电桩不足的担忧。

换电业务一直是蔚来的核心竞争力之一，共享换电意味着向其他车企开放自身的换电技术和平台，既能降低换电成本，提高市场份额，加速全球化布局，又可在即将规模化爆发的换电产业中抢占更多的话语权。蔚来换电，未来可期！

## 8.4 以宁德时代为代表的电池厂家模式

2022年1月18日，全球锂电池龙头企业宁德时代发布换电品牌 EVOGO，并为此成立了全资子公司时代电服，由其专门负责该品牌的换电运营。

## 8.4.1 EVOGO 和巧克力电池块

EVOGO 采用组合换电整体解决方案，该方案由换电块、快换站、App 三部分组成，旨在将电池作为共享资产独立出来，做到"按需换电"。这种理念和燃油车有些相似：车是车，油是油，油不是车的附属品。

EVOGO 快换站具有占地小、流通快、容量大、全气候适应四大特点。每一个快换站占地面积仅为三个停车位大小，单个电块换电时间约 1 分钟。快换站内可储存 48 个换电块，确保用户随时都有满电的电块可以更换，不需要长时间等待。

巧克力电池块是 EVOGO 组合换电方案的核心，是宁德时代专门针对车电分离模式设计的电池组。"巧克力"很形象地代表了这种电池块的形态特征：每一个电池块被设计为两个方形模块，三个电池块排列在一起就非常像一板巧克力，如图 8-3 所示。它具有小而高能、自由组合、极简设计三大特点。

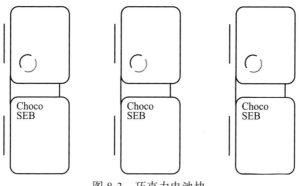

图 8-3 巧克力电池块

首先，巧克力电池块采用宁德时代最新电芯直接到电池包（Cell to Pack，CTP）技术，省略了模组包装，重量能量密度超过 160Wh/kg，体积能量密度超过 325Wh/L，单块电池可以提供 200 公里左右的续航。在换电时，用户可以任意选取一到多块电池，灵活匹配不同里程的需求（3 块的续航里程大概 600 公里）。

其次，巧克力电池块被拆分为三等份，用户可以根据需要自由组合。用户在换电时不必一次性更换整个动力电池，可以每次只换三分之一或三分之二，这就好比燃油车去加油站补能，每次的加油金额可以是 100 元、200 元、300 元，而不必完全加满。

最后，整个电池块造型简洁，仅在中间保留了一个电源接口，可以更加高效稳定地实现反复插拔。电池块集成了无线 BMS 技术，无须针对 BMS 单独设置接口，也能更好地兼容不同品牌 BMS 的需求。

巧克力电池块打通了电池与车型之间的适配壁垒，适用于从 A00 级到 B 级、C 级的乘用车以及物流车，并适配于全球 80% 已经上市以及未来 3 年内拟上市的纯电平台开发的车型。

### 8.4.2　落地推进

2022 年 4 月 18 日，EVOGO 换电服务在厦门正式启动，4 座换电站分布于思明区、湖里区和海沧区，巧克力电池块的月租金最低优惠价为 399 元 / 块，租金价格将根据用户的不同使用条件、站址和时段等因素做动态调整。未来，EVOGO 将在厦门完成30座快换站的投建。届时，厦门岛上每3公里的服务半径内将有1座快换站。

2022年6月18日，EVOGO在合肥首批启动3座快速换电站，分布于蜀山区、瑶海区和经开区，合肥成为宁德时代继厦门后在全国开启的第二座换电"小绿环"城市。未来，EVOGO将在合肥完成20座快换站的投运，在合肥市区的服务半径将达到5公里。合肥作为新能源领域的新晋网红城市，不仅有国轩高科这个锂电池龙头企业，还有江淮、奇瑞、蔚来、长安等一批新能源汽车企业，在新能源领域很有话语权、引领力和广告效应。EVOGO落地合肥拉开了宁德时代进军长三角市场的序幕。

2022年7月30日，宁德时代与成都市政府签署战略合作协议，旗下时代电服的换电服务将落地成都。双方将积极推动换电技术的研发和应用，通过车电分离模式，为成都用户提供便捷、可靠的换电解决方案与服务。

至此，宁德时代换电服务已在华东、华南、西南区域完成关键布局，为覆盖全国市场奠定了坚实的应用基础。

### 8.4.3 乘用开拓

一汽奔腾NAT是宁德时代最早合作的换电车型，一汽与宁德时代于2022年1月18日正式达成合作。NAT，英文是"Next Automatic Taxi"，即"下一代智能出租车"，这是一汽推出的首个面向出租、网约等出行场景的纯电车型。2021年奔腾NAT接连获得"最受关注出行车型""最佳网约出行车型""年度推荐出行车型"等荣誉奖项。

爱驰 U5 是宁德时代第二个合作的换电车型。2022 年 4 月 27 日，宁德时代官方宣布与爱驰汽车签署 EVOGO 换电项目合作框架协议，双方将以爱驰汽车旗下首款车型爱驰 U5 为载体，共同开发组合换电版车型，并计划于 2022 年第四季度将其推向市场。

### 8.4.4　商用探索

宁德时代在商用车换电方面的探索早于乘用车，且已在重卡换电、船舶换电等领域商业化落地。

2022 年 2 月，宁德时代与三一重工以及福建高速合作的全国首条电动重卡干线——福宁干线正式投入运营。这条总长 175 公里的重卡换电专线，标志着换电重卡走出了只适应支线短倒、短途运输的场景局限，也打破了燃油重卡一统干线运输的垄断局面。

2020 年 7 月，宁德时代与福田智蓝新能源合作的首批换电重卡在北京密云交付，成为首个换电重卡商业化应用场景。

2022 年 8 月，宁德时代与江苏省交通运输厅、江苏省港口集团、国家电投等联合打造的我国第一艘 120 标箱纯电动内河集装箱换电船"江远百合"号在江苏镇江船厂下水，正式开启了江苏内河运输的绿色模式。该电动船搭载了高安全性的磷酸铁锂电池，采用"即插即拔"式换电模式，续航能力可达 220 公里。

宁德时代进军换电领域的过程，实际上是一部电池供应商巨头的自我进化史。从它的换电模式上明显能看到美国 Ample 公司的影子。宁德时代合作车企之多，使得换电面临的车企资源难整合的问题迎刃而解；它的电池销量之大，又使其具备强大的将换电电池标准化的能力。尤其是其巧克力电池块专为共享换电而生，使得换电不拘泥于某一特定型号电池，消费者可根据行驶里程任意选取一到多块电池。同时，随着换电模式的推广，车电分离将成为常态，意味着"一车一电池"将变成"一车多电池"，动力电池在原有的需求之上，将迎来增量需求，而宁德时代作为电池龙头企业，无疑又是最大受益者。

对于整个换电行业来说，宁德时代的入局可能会给换电市场带来巨变。

## 8.5 以奥动为代表的第三方运营商模式

如果说宁德时代是电池厂家换电的代表，蔚来是车企换电的代表，那么第三方运营商换电的代表就非奥动莫属了。

奥动成立于 2016 年，是我国最早探索换电业务的企业。作为全球换电模式的开创者与引领者，奥动已在新能源汽车换电领域深耕数年，成为国内一流的第三方换电运营商。

### 8.5.1 多元化的网络布局

"三桶油＋一个电网"是奥动联合创始人、联席 CEO 张建平对换电行业万亿赛道的精彩描述。"换电产业是个非常大的产业，不能都自己来做，方式越多，成功的机会越大。"正是由于清楚地认识到了这一点，2021年，奥动推出了换电站的加盟模式，开始了多元化的网络布局。

在战略选址方面，奥动通过与中石化的全面合作实现了全国范围内的规模化站点布局。2021年4月15日，奥动与中石化正式签署战略合作，将在全国超过30 000座的中石化加油站网点中布局换电站。

在站点运营方面，奥动自2016年起就已在全国范围内建设共享换电服务网络。截至2022年5月，奥动在全国37座城市共有超过630座换电站投运，换电次数累计超过2670万次，换电服务里程累计38亿公里。预计到2025年年底，奥动换电站的数量将扩展至10 000座，并服务1000万辆以上新能源汽车。

奥动在建设这些站点的时候，还充分考虑到了换电的地域性。除了常温地区，寒冷地区也随处可见其换电站点。2022年7月27日，奥动在吉林省白山市建成了首座换电站。继长春、白城、松原、四平、梅河口等城市后，奥动在东北高寒地区再下一城，持续打造季冻区换电示范城市群。未来，奥动换电站将覆盖东三省包括长春、白城、松原、四平、梅河口、白山等10座以上的城市。

除了在国内的网络布局，奥动还积极拓展国外市场。2021年11月8日，奥动与英国石油（BP）正式签署了合作协议，双方将成立合资公司，共同探索国内外合作的可能性；同时聚焦全新商业模式，包括能源补给、储能、电池银行、电池全生命周期梯次利用等领域。这在奥动的企业历程甚至是全国汽车换电的发展史上，都是一座划时代的里程碑。

## 8.5.2　多元化的车企合作

换电业务是一项新兴业务，产业链上下游各端都参与其中，但同时又带有各不相同的行业基因。例如宁德时代的本质是电池供应商，蔚来的本质是汽车制造商，而奥动的本质则是第三方运营服务商，奥动参与换电的目的是给电动汽车出行提供更好、更快、更便宜的能源补给服务，并通过换电规模的扩大和电池的全生命周期运营来提升收益水平，因此在奥动的换电之路上，我们看到更多的是它对不同车型的换电探索。

截至 2022 年 5 月，奥动已与国内的一汽、北汽、长安、广汽、东风、奇瑞、合众等 16 家汽车厂进行了 30 款换电车型的换电合作。

2016 年，奥动与北汽新能源合作，开始了换电模式的大规模推广应用。北汽新能源专注于换电车辆推广，奥动则承担换电技术的研发和换电网络的投资建设及运营管理。2021 年 6 月，北汽新能源副总经理李一秀正式加盟奥动并出任总裁。同年年底，双方在北京已建成 200 个换电站，实现了 24 小时不间断运营，保障了北京市换电出租车的稳定运营。

除了和北汽新能源合作探索出租车换电之外，奥动还于 2021 年 8 月与国内即时配送公司闪送签署战略合作协议，共同探索商用车换电。双方将在全国范围内基于奥动的城市级换电服务网络，合作推广商用物流场景的换电商业化应用，包括为闪送提供换电服务支持，联合车企共同开发两轮及轻型四轮换电车型等。

借助于自家股东的国外背景，奥动还与道达尔展开了合作，在德国已建设1个换电站，合作开发了2款车型。在美国，奥动也与一家卡车公司达成了合作意向，准备尝试重型卡车的换电业务。

### 8.5.3　多元化的电池运营

奥动在开展换电业务的基础上，通过对电池管理、梯次利用、再生利用和能源运营等方面的探索，打造出了一个基于电池全生命周期运营的"能源服务生态圈"。

在电池管理方面，奥动通过对充电舱进行恒温恒湿均衡管理，以及对动力电池进行低倍率集中充电，延长了动力电池在车载阶段的寿命，同时，通过大数据平台采集260项电池参数，预判故障、提前维护，做到了对异常问题的及时处理（包括退网或离网修复），电池早期异常温升发现率达100%。

在梯次利用方面，在动力电池剩余容量低于70%从车上退役之后，奥动通过换电模式，继续对退役电池进行梯次利用，将其用于储能等场景，这既提高了资源利用率，降低了储能成本，又通过换电特有的"可自动移出式"产品结构和多点实时温度监控技术，确保了储能系统的安全。

在再生利用方面，2021年12月，奥动与广东光华科技签署战略合作协议，双方将在电池银行、动力电池梯次利用和材料回收领域合作，为换电电池的全生命周期管理与价值的最大化利用奠定了基础。

在能源运营方面，奥动将换电站视为分布式储能系统，它能够让电池成为流动的能量块,支持电量的双向流动,是全新智能电网的重要组成部分。为此,奥动提出了"V2S2G模式",即在传统的V2G(Vehicle to Grid)之间加入了换电储能站(Station)。在这种模式下,每座换电站都是一个分布式储能系统,在波谷时段对电池进行充电,在高峰时段不对电网造成更多压力,并进行售电,从而实现对电力资源的有效调配,实现"车–站–网"之间的能源交互。

### 8.5.4 "四步走"的双碳战略

奥动在多年的换电实践中,成功构建出了"一网两圈"的能源新生态体系,堪称换电服务运营商的经验典范。"一网"指换电网络,"两圈"指电池运营形成的换电服务生态圈和能源服务生态圈,而对应的奥动"四步走"双碳战略则是对"一网两圈"的总结和升华(见图8-4)。

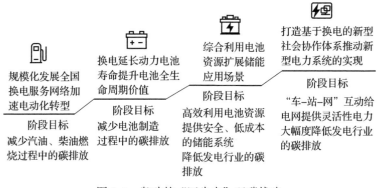

图8-4 奥动的"四步走"双碳战略

该战略共分为四个阶段性目标。

第一阶段，规模化布局换电服务网络，加速电动化转型进程。

第二阶段，以换电模式延长动力电池寿命，提升电池全生命周期价值。

第三阶段，综合利用电池资源，拓展储能应用场景。

第四阶段，通过"车–站–网"互动，推动新型电力系统的实现。

奥动的"四步走"战略充分体现了奥动在汽车、交通、能源的高度协同，也是它助力碳达峰、碳中和的技术路径和行动规划。

作为独立的第三方换电运营商，奥动换电不受电池和车型的限制，具有更强大的开放性和包容性，运营模式更加灵活，也更类似于 Better Place 和 Ample，未来成长空间不可限量。

## 8.6  轻型车换电的经验借鉴

通过前面的讨论，我们可以看出轻型车换电率先付诸实战，已经取得了阶段性成果。在产品标准上，目前电池标准已经形成了 48V 20Ah、48V 25Ah、48V 30Ah、60V 20Ah 等几个系列型号，主流车企的电池仓尺寸基本能容纳各型号电池，且电池的 BMS 与车辆的电机控制器等已经做到了互联互通。在用户规模和网络布局上，全国最大的轻型车换电运营商铁塔换电已布局网点超 5 万个，在全国 280 个城市开展业务，付费用户规模已超过 80 万。在用户群体方面，外卖、快递等 B 端运营类用户已成为轻型车换电最主要的用户构成，服务领域目前正在向共享电单车的 S 端换电和居民 C 端换电拓展。

综上，轻型车换电的实践为汽车换电提供了教科书式的参考模板，总结出了最重要的三条实战经验。

## 8.6.1 标准要统一

汽车在某种意义上是一种艺术品，其设计和优美的曲线是用户选择时重要的参考标准，因此，对很多人来说，汽车尤其是私人汽车，其设计是第一位的，电池服从于设计，是排在第二位的，这也是电动汽车换电不好标准化的重要原因。但电动汽车的电池标准也是可以相对统一的，这个统一不是严格意义上的"一种标准"，而是相互兼容的"几种标准"。就像轻型车换电的 48V 20Ah、48V 25Ah、48V 30Ah、60V 20Ah 等几个标准系列型号，抑或像加油时的 92 号、95 号、97 号汽油，电池标准的统一指的是做到能适配大部分换电车型。

换电电池与车辆的适配。电池与车辆的电池仓尺寸、大小、接口一致才能适配，电池和车辆才具备规模化量产的可能性，而这需要车企和电池企业共同推进，推动换电接口软硬件协议的标准化，比如预设 2～3 种技术先进的接口形式制定推荐性标准，以做到电池与车辆的适配。

换电电池通信协议的互联互通。不同厂家电池通信协议的互联互通是电池安全运营的前提，电池 BMS 与电机控制器互联互通，用户才能实时知晓电池的运行状态，比如何时换电、电池运行状态、异常维护等。

因此，换电电池标准的统一、换电电池与车辆的适配和换电电池通信协议的互联互通，是换电模式得以推行的前提。

### 8.6.2 形成布局广、可共享的换电网络

换电网络布局要广。中国铁塔在全国的 200 多万座通信基站遍布在全国的每一个角落，"凡有人烟处，皆有通信塔"。正是这些遍布全国的密集的通信基站，使我国的 4G 通信在短时间内迅速赶超各发达国家，我国也成为世界上 4G 覆盖范围最广的国家。足够多和足够密的换电网络是换电服务的基础，否则换电将成为"空中楼阁"。

换电网络要可共享。中国铁塔的成立初衷之一就是避免三家运营商（中国移动、中国电信、中国联通）的重复建设，提高通信基站的共享率。2014～2022 年，中国铁塔成立 8 年来共计新建约 70 万座铁塔，共享率从 14.3% 大幅提升至 81.5%，相当于少建铁塔 94 万座，节约行业投资超过 1690 亿元。同样，换电网络也要避免重复建设，不同企业间实现换电网络的共享，以提升资源利用效率。

因此，需要加速推动换电站模式的通用化，对换电站的换电机构、形式、兼容性进行规范化约束，形成布局广、可共享的分布式换电网络。

### 8.6.3 聚焦"营运特性"用户

初期以营运类用户为主。两轮车换电用户主要为外卖和快递人员，其共同点是以赚取商业价值为目的，关注的是电池的

长续航和安全性，电动自行车和电池于他们而言是一种谋生的工具。跑得远、持续续航、安全和不断电等才是他们的首要选择。而出租车、网约车、重卡等商用类运营用户与两轮车换电用户的需求和关注点类似，因此，可作为第一批换电的种子用户。

后期延伸至乘用车用户。我们看到，蔚来换电目前以服务乘用车用户为主，这是由其车企的身份所决定的，即通过铺设换电网络更好地服务于车辆的销售。相信随着换电网络的普及，越来越多的换电企业会进入一般乘用车市场，通过服务数量众多的居民 C 端用户，来提升整个换电网络的规模收益。

因此，汽车换电网络的用户特征也存在递进发展规律，即从营运类的商用 B 端用户向满足日常出行需要的居民 C 端用户过渡。

# CHAPTER 9 第9章

# 换电经济的发展趋势

## 9.1 轻型电动车发展十大趋势

近年来，低碳出行的环保理念逐渐深入人心，在国家政策的不断驱策下，我国的轻型电动车（主要指电动自行车、电动摩托车和电轻摩）进入了高速发展的赛车道。

在全球经济下行的2021年，我国轻型电动车整体销量突破了4000万辆，创下了历史之最。进入2022年以后，随着"新国标"的落地执行，轻型电动车市场更是呈现出不同于以往的发展趋势。

### 9.1.1 存量、结构与布局

**趋势一："新国标"引发存量市场的替换潮**

"新国标"《电动自行车安全技术规范》属于强制性国家标准，

自 2019 年 4 月 15 日正式实施。它给电动自行车的重要指标设定了标准的参考数值：最高车速不超过 25km/h，标称电压不超过 48V，电机额定功率不超过 400W，整车质量不超过 55kg 等。

"新国标"的实施标志着全国超过 3 亿辆存量车替换浪潮的来临。

**趋势二：哑铃形的市场结构正在形成**

电动自行车市场中的传统头部企业正在日益做大，随着新兴势力也以智能化等手段差异式入局，哑铃形的市场结构正在逐渐形成。

哑铃形最早被用来描述社会形态，社会形态一般有两种。一种是橄榄形结构，中等收入者占整个国家全部人口的 70%，而高收入者和低收入者只占少数，这种两头小、中间大的社会就是橄榄形社会。另一种是哑铃形结构，中等收入者占少数，而高收入者和低收入者占了很大比例，尤其是低收入者的比例最大，这种两头大、中间小的社会就是哑铃形社会。两种社会形态如图 9-1 所示。

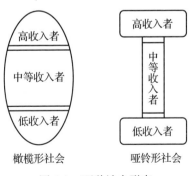

图 9-1　两种社会形态

当前，我国的电动自行车市场也逐渐形成了哑铃形结构，如图 9-2 所示。首先，2020 年雅迪、爱玛、新日三家企业合计共占接近 50% 的市场份额，而在 2016 年，这三家头部企业的市场份额还只有不到 30%。未来随着"新国标"的快速推进，市场加速出清，企业数量锐减，三家头部企业的市场份额将超过 80%，行业集中度还会迅速提升。其次，两轮车新势力通过"智能化"标签迅速崛起。九号、小牛等新势力车企推出高端化、智能化产品，以代工模式入局，整合行业资源，迎合消费者多样化需求，开辟高端市场，抢占市场份额。

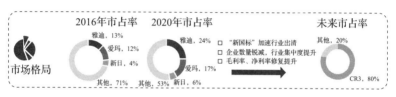

图 9-2　电动自行车市场格局

**趋势三：国外品牌正在强势进入**

2021 年 5 月 24 日，意大利比亚乔品牌新一代电动摩托车 Piaggio One 在北京宝格丽酒店全球同步亮相，多方媒体和行业人士齐聚一堂。

北京宝格丽酒店是继米兰宝格丽酒店、巴厘岛宝格丽度假村以及伦敦宝格丽酒店相继开业之后的全球第四家，也是中国首家宝格丽酒店。在如此奢华的酒店进行新品牌发布，彰显了比亚乔不俗的品位。此次 Piaggio One 在北京的面世，也标志着国外高端两轮电动车已开启了进军中国之路，而这将深刻引领中国高端两轮电动车的技术变革并改变市场格局。

自 1884 年比亚乔品牌诞生以来，这个来自亚平宁半岛的传奇公司已创造出了无数辉煌。无论是缅怀历史的底蕴，还是拥抱现代的科技张力，比亚乔每一款车型都极具创造感。

看过电影《罗马假日》的人应该都记得里面的一个镜头：格里高利·派克饰演的记者乔和奥黛丽·赫本饰演的公主安妮共同驾着一辆轻便的小摩托车，悠闲地穿梭在罗马的街头巷尾。没错，电影中的这款电动摩托车就是比亚乔的经典之作 Vespa。

近一百年来，比亚乔的 Vespa 靠着过硬的质量征服了几乎所有的踏板车迷。如今，比亚乔最新款的电动摩托车 Piaggio One 已强势登陆中国，那么又有多少人想要先试为快呢？

### 9.1.2　四大市场发展走向

**趋势四："车电一体"将是外卖市场的标配**

车辆是外卖骑手的头号刚需，充换电服务是基于车辆产生的衍生需求，车辆的性能直接影响到骑手的使用体验以及对充换电的选择。在电动自行车充换电安全性要求日益严格的今天，"车电一体"是骑手理想的运营模式，在市场上一直备受青睐。

所谓的"车电一体"就是将车辆、电池、周边等各种服务整合在一起的一体化运营模式，也是目前换电市场的通用模式。它的最大好处就是能够通过提供全方位服务来提升用户的黏性。很多大牌企业都是这一模式的资深运营商，例如铁塔换电联合新日、台铃等头部企业推出的配送车辆定制服务，用户只要使用铁塔换电 App，在骑手商城即可实现一键下单，由合作门店提供车辆领用和售后维修服务，真正实现了无忧配送。

**趋势五：共享市场换电基础设施构建和标准统一**

通过前面的分析，我们知道共享电单车用户的骑行距离大多在 5 公里左右，骑行场景中以上下班通勤、外出购物、休闲娱乐和接驳公共交通为主。

目前市场上的共享电单车运营企业大致可以分为两个梯队：第一梯队是以美团、青桔和哈啰出行为主，三者的市场投放量合计约 670 万辆，占市场的 70%；第二梯队是松果、小遛、喵走等中小地域品牌，虽然投放量略小，但凭借其运营的地域化特性，也能够在市场中找到一席之地。相对于亟须替代的 3 亿辆电动自行车存量来说，共享电单车的行业渗透率还很低，未来市场还有着极为广阔的增长空间。

凡事有利必有弊，行业温床也滋生了三大弊端：第一，目前的共享电单车换电基础设施都是各自为政，企业之间无法通用也不能共享；第二，业内技术标准不统一，在电池的类型、尺寸、BMS、充放电插口、通信协议等各方面都存在诸多差异；第三，缺乏统一的平台进行管理和指导，一些企业的关键信息如投放数量、骑行数据、安全性能、事故发生等无法及时进行披露。因此想要更好地推动共享电单车的良性发展，就得从上述三个方面狠下功夫：实现换电基础设施（换电柜和换电电池）的共享；统一技术标准；构建便于政府管理的统一平台，使共享电单车的运营变得可视可控，信息客观真实，继而提升整体的运营效率和安全性。

**趋势六：家用市场"车电分离"已是大势所趋**

随着电动自行车的日益智能化和电池续航里程的加长，电动自行车的售价也在日益走高。为降低用户首次的购车成本，一些厂家推出了"车电分离"模式，即卖车时只卖车架，电池改为租赁模式。用户购买车架后，可以租赁电池，采取换电或充电模式。换电模式能够将电池集中规范管理，从而有效地延长电池寿命。换电站还可以定期对电池进行"体检"，将事故风险防患于未然。

与此同时，单纯地不让用户上楼充电并不能杜绝电动自行车着火爆炸的安全事故。对上楼充电和室内充电的取缔只是减少了充电侧的隐患，但电池是否合格、充电器是否老化等质量担忧依然存在。"车电分离"模式可以同时解决这几个方面的问题，用户再也无须担心电池安全问题，只需按月缴纳租金即可畅享全方位的用电服务。

**趋势七：海外市场将迎来高速增长**

我国是全球第一大两轮电动车出口国，2021年我国两轮电动车出口量达到了惊人的2290万辆，是我国汽车出口量的10倍，最大的三个市场是北美、欧洲和亚洲，分别的出口量和占比如图9-3所示。

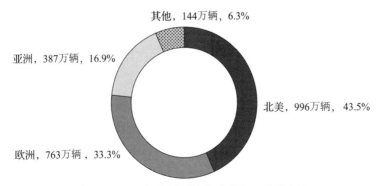

图9-3　2021年我国两轮电动车出口量及占比

如此高的出口量，是两轮电动车正好契合了市场需求的结果。从短期来看，两轮电动车独立便捷、空气流通等特征，满足了新冠疫情下全球用户对于出行安全的刚性需求。从长期来看，全球减排降碳路径明确，各国均推出碳中和规划，受益于海外油改电趋势和需求爆发，两轮电动车可以不断扩张全球市场。从成本来看，我国的两轮电动车具有较大优势，这也进一步提升了我国产品的竞争力，开启了两轮电动车的国际化之路。

### 9.1.3　新赛道、新方式、新能源

**趋势八：跨界营销成为电动车企角逐的另一赛道**

说到跨界营销，有两家企业是最具代表性的，一是与头部综艺 IP 无缝对接的绿源，二是与二次元合作的九号单车。

2021 年 8 月 4 日和 5 日，绿源电动车携手官宣《脱口秀大会》《这！就是街舞》两大王牌综艺，瞬间打出了"双王炸"。

《脱口秀大会》自第一季开播以来，节目口碑及市场热度一路稳涨，每一季都能成为当年的热门综艺，更是成为持续登上热搜的话题制造机，被誉为"90 后""95 后"等一众年轻人的"社交货币"，平均每期播放量过亿。将引起观众共鸣的笑点与广告融为一体，正好与绿源一直以来的"沉浸式植入"理念一致。

作为全新品牌迅速崛起的九号单车，本质上则是新人群、新需求的市场缩影。九号单车正是瞄准了 Z 世代[一]追求品质、

---

[一]　Z 世代是指在 1995～2009 年出生的一代人。

智能化和炫酷的需求，通过对传统的电动自行车这一功能性产品进行升级，通过新技术、新理念、新玩法，以差异化的手段来引领年轻用户的认知。

九号单车瞄准城市潮玩青年群体，邀请 B 站百万粉丝 UP 主等小众文化圈里的意见领袖到现场助阵，场景设置中满满的二次元元素，使观众漫游在高燃科技与热血二次元的奇异世界中。九号单车与年轻一代喜欢的 B 站名人合作，正好传递了"以用户价值为中心、以创新为驱动力"的创始目的，相信九号单车还会不断给我们带来各维度的惊艳之作。

**趋势九："4+2"的出行方式风靡全球**

"4 轮旅行车 +2 轮自行车"这种新兴的出行方式结合了汽车和自行车，在欧美很早以前就是一种较为普及的出行方式，并逐渐演变成了一种独特文化。近年来，随着国民生活水平的提高和旅游热潮的到来，"4+2"的出行方式在国内也开始流行起来，越来越多的人正在或即将成为这种新旅行出行方式的拥趸。

"4+2"的出行方式解决了汽车无法到达或不方便通行的代步问题。在拥挤的城市或旅游的山区，只靠汽车是不便于到达目的地的，这时就可以将汽车和自行车完美结合起来。汽车缩短了从出发地到目的地的时间，使人们能够保留充足的体力去享受旅途；自行车则使人们能够在汽车不能到达的地方充分享受沿途的美景，两者之间就此实现了无缝衔接。

小白单车可以说是"4+2"出行方式的行业领头羊，其车身简洁轻盈，还可以随时折叠，完美地匹配了这一新型出行方式（见图 9-4）。

图 9-4　简洁轻盈、可折叠的小白单车（Baicycle）

"4+2"出行方式必将引领我国电动自行车进入一个新的发展阶段，相信不久的将来，在私家车的后备箱里放置可折叠式单车将成为国民生活的又一标配。

**趋势十：钛酸锂电池和磷酸铁锂电池平分秋色**

目前，我国的电动自行车配备电池都在向磷酸铁锂电池转变，这在一定程度上提高了电动自行车的安全性。但在我国的东三省、内蒙古和西北等极寒地区，低温天气使磷酸铁锂电池暴露出了很多短板：电池无法充放电，车辆行驶里程变短等。在这种情况下，钛酸锂电池的应用被提上了日程。在低温情况下，相比于磷酸铁锂电池，钛酸锂电池具有充电时间短、续航时间长而稳定等优势。路跑测试数据显示，在同等容量和寒冷条件下，钛酸锂电池组较磷酸铁锂电池续航能力提升约 30%。因此钛酸锂电池可以有效解决低温地区在冬季使用电动自行车的问题。未来随着钛酸锂价格的不断降低和性价比的不断提升，配备钛酸锂电池的电动自行车也会迅速普及。

## 9.2 轻型电动车换电十大预测

2022年对于轻型电动车换电来说，是极不寻常的一年。这一年，换电业务遭遇了新冠疫情，但向死而后生，迎来了爆发性增长；这一年，群雄激战，刀光剑影，攻城略地，而后又归于平静；这一年，确切地说，在新能源产业的发展史上，是轻型电动车换电的关键年。展望未来，我们有着太多的期待与向往，同时诸多的不确定性也如影随形，但轻型电动车换电的产业模式、产业格局、产业属性、产业生态等已然初显。

### 9.2.1 产业模式形成

**预测一：从运营模式看，轻型电动车换电用户将从外卖、快递人员扩大到共享电单车和部分高端的家庭用户**

外卖和快递人员是换电业务的第一批种子用户，换电是他们运输工具的刚需。但随着部分城市的换电用户饱和，快速发展的共享电单车和部分高端的家庭用户将成为换电业务的第二批种子用户。从目前市场情况来看，共享电单车已经具备了车电分离、换电运营的条件。

**预测二：从运营区域看，经济活跃地区将是换电业务发展的主战场**

换电的主战场将以北京、珠三角、长三角、两湖、成渝等区域为主，其共同点是经济发达且活跃度高，工作生活节奏快，社会分工细，而且气候较好，是外卖单量集中爆发的区域。从2021年城市日均外卖单量看，上海、北京、广州、深圳、杭州、成都、苏州、重庆、武汉、南京排名前十。

在这些外卖、快递单量大的地区换电的需求大，换电产业得以发展。

### 9.2.2 产业格局初定

**预测三：从技术路线看，将形成以磷酸铁锂电池为主、钛酸锂电池为辅的产业格局**

磷酸铁锂电池安全性高、循环寿命长、价格相对低廉，是轻型电动车电池的不二之选，这在近几年的市场已得到了充分验证。它适用于我国广大的常温地区，但其低温性能有待进一步提升。钛酸锂电池则是为低温而生，适用于东三省、内蒙古、西北各省及京津冀的部分低温区域，但其缺点是目前的价格相对较高，亟须通过规模化来有效降低成本。

**预测四：从供应商角度看，换电电池市场或将"赢者通吃"**

锂电池在轻型电动车上的运行环境远比电动汽车恶劣，这对轻型电动车锂电池的生产质量提出了更高要求。以目前市场广泛应用的磷酸铁锂电池为例，存在着供应厂家多、厂家水平参差不齐等诸多问题，但随着轻型电动车换电市场的发展，汽车动力电池厂家宁德时代、比亚迪等已经入局，未来，换电电池市场或将"赢者通吃"。

## 9.2.3 产业属性初显

**预测五：从产品形态看，换电产品需要完善的重点将从硬件转向软件**

近几年，轻型电动车换电产品主要从产品的硬件维度进行改进，诸如提升循环次数、提高防水防摔能力和线缆插头质量等。但在各换电运营商和厂家的一起努力下，未来硬件问题将不再是产品改进的主要方向，产品改进的方向将重点转向软件，诸如 BMS、柜控系统、平台系统的算法以及三者之间的协同，软件优化的方向是从用户的角度来思考，如何提升用户体验和用户满意度。

**预测六：从运作方式看，"重产品、重运营、重服务"的模式将最终胜出**

如前所述，"去库存"模式缺乏长远的考量，线下运营和服务质量均无法保障。"资本变现"模式在前期大规模投入资本，铺网络、圈用户、做现金流，从而导致不可持续。"重产品、重运营、重服务"模式才是换电业务健康可持续发展之路。

**预测七：从产业生态看，将从单纯的"换电"向以"车电一体"为主的产业生态转变**

电池是用户基于车辆的衍生需求，车辆才是用户的第一需求。同时，只有把电池和车辆打通，比如把电池接口和车辆的电池仓接口打通、BMS 和车辆中控系统互联互通，才能从根本上提升车辆和电池的适配性，从而提升用户体验。从前期 e 换电、易骑换电等运营商的发布会来看，这一趋势已非常明显。

**预测八：从产业与互联网的融合看，换电不是"互联网＋产业"，而是"产业＋互联网"**

目前，换电网络已成为现代城市生活的"新基础设施"，是服务外卖、快递的一项民生工程，是即时配送行业在"新基建"领域面向数字化、网络化、智能化转型的典型实践，是移动互联网在基础设施之上的典型应用。换电业务是一项重资产、重运营、重用户体验的业务，所以提升用户的满意度至关重要。

### 9.2.4 产业生态加速整合

**预测九：从市场竞争看，轻型电动车换电运营商将形成"一超多强"的局面**

"一超"指铁塔能源，它作为央企中国铁塔的全资子公司，具有先天的优势，近两年其换电业务风生水起，具有产品好、决策快、打法准的特点。目前铁塔能源旗下的铁塔换电已覆盖全国 280 多个城市，网络规模和付费用户规模均居全国第一，已遥遥领先对手。"多强"指这锂换电、智租换电、小哈换电等，这些换电企业在某些城市或局部区域也有着自己独特的优势。

**预测十：从市场影响看，换电模式将加速产业生态的整合**

首先，随着"新国标"的出台和换电模式的普及，"铅改锂"的进程将进一步加快。2020 年我国电动自行车中锂电池仅占 15%，2021 年提升至 30% 以上。其次，换电模式将使得电动自行车的"车电分离"成为常态，换电运营商和电动自行车生产商的深度合作也将成为常态。最后，换电模式作为典型的共享型经济,将进一步助推共享厨房等新型经济模式的不断涌现。

## 9.3 电动汽车发展十大趋势

根据国家有关部门统计数据显示,截至 2022 年 6 月底,我国汽车保有量达 3.10 亿辆,其中新能源汽车达 1001 万辆。历时二十余年,我国新能源汽车保有量突破了千万关口,开启了新能源汽车的新时代,发展蒸蒸日上。

### 9.3.1 电动化、智能化正合二为一

**趋势一:电动化正在加速**

我们来看三组数据(中国汽车某协会,2022 年上半年):一是我国新能源汽车销量达 260 万辆,同比增长 120%,市场占有率达 21.6%;二是新能源乘用车销量占乘用车总销量比重达 24%,中国品牌乘用车中新能源汽车占比已达 39.8%;三是比亚迪全球销量超 64.1 万辆,而特斯拉全球销量为 56.4 万辆,比亚迪一举越过特斯拉,成为 2022 年上半年全球新能源汽车销量冠军。值得注意的是,2022 年 4 月 3 日,比亚迪宣布停产燃油车,成为全球首家宣布停产燃油车的传统汽车制造企业。

我们可以对比一下 2021 年的数据,2021 年 1～7 月我国新能源汽车销量为 147.8 万辆,占新车销量的 10%,突破了 10% 的拐点。在一年的时间里,新能源汽车销量的渗透率即提升一倍至 21.6%。根据产业生命周期理论,在一种新产品、一

种新商业模式市场占有率达到 10% 之后，它就会从初创期进入成长阶段，市场渗透率会大幅增长，迎来爆发阶段，即拐点。

随着我国汽车电动化的加速，中国电动汽车百人会副理事长兼秘书长、首席专家张永伟预测，2025 年新能源汽车销量占比会超过 30%，2030 年会超过 50%。

**趋势二：智能化开启下半场**

智能化让汽车更"聪明"，是堪比"计算机诞生"级的颠覆式创新，它带来了软件定义汽车（Software Defined Vehicles，SDV），软件驱动了未来，让电动汽车品牌走得更远。

智能化主要有两个方向。第一个是车内座舱的智能化，把传统的仪表盘、中控全部换成智能操作系统的大屏，可以实现人与车的良好交互体验。第二个是自动驾驶，其借助 5G 的高速率、低延时、广连接和先进的探感设备及算法，解放了人的双手。

自动驾驶做得比较早的是特斯拉，其于 2020 年 10 月发布的完全自动驾驶（Full Self-Driving，FSD）功能，自发布以来已经调价一次（从 1.2 万美元上涨至 5 万美元），马斯克称其最终售价将超过 10 万美元。这也验证了他在 2019 年称特斯拉汽车为"增值资产"的论断，通过推出更多的辅助驾驶功能，特斯拉汽车得以不断增值。

近年来，国内有许多企业也纷纷加入自动驾驶的研发行列。华为研发的 HI 华为全栈智能汽车解决方案，已经顺利在极狐阿尔法 S 上进行了搭载，其宣称能够支持城市道路高阶智能驾驶，比肩特斯拉 FSD 功能。

智能化是基于电动化的智能化，电动化的普及要靠智能化来拉动。只有电动汽车才能更完整地嵌入智能化技术，智能化技术的最佳载体又是电动化平台。因此，电动化和智能化正式合二为一。

### 9.3.2 能源革命重塑产业链条

**趋势三：能源革命与汽车革命实现协同**

首先，电动汽车作为用电终端，只有使用新能源电才能真正实现绿色可持续发展。2019年10月17日是第六个国家扶贫日，国家电网跨省采购7000万度青海的光伏扶贫电力，将其全部用于北京地区充电桩充电。这是我国电动汽车首次大规模使用"全绿电"，预计将减少2.03万吨标准煤燃烧，减排6.72万吨二氧化碳。据北京电力交易中心预测，随着电动汽车的发展，到2025年，我国电动汽车消纳新能源电量的能力可达到近300亿度。

其次，电动汽车作为储能终端，又可通过接入电网实现车网能量互动。电动汽车的电池作为能量储存和转化的载体，可以变身为"充电宝"，成为电储能的有益补充：在夜间用电低谷时充电，在用电高峰时向电网反向送电，不但可以平衡电网负荷，还可以赚取峰谷电价差。此外，在偏远地区，电动汽车还能与光伏发电、风电和储能电站有机结合，形成小型能源网络。

最后，在绿电和储能的基础上，通过能源互联网技术，能源革命和汽车革命将实现实质性协同。有预测称，到2030年，随着电动汽车保有量的提升和双向输电基础设施的完善，电动汽车在整个电储能环节中的比重可能会超过储能电站。

**趋势四：新能源车企进入电池产业链**

动力电池素有"汽车之心"之称，它是新能源汽车的驱动来源，成本占到了整车成本的40%～60%。为此，新能源车企纷纷自建动力电池产品体系，或者通过资本纽带布局电池产业链。下面我们来看一下特斯拉和吉利的对比。

2020年9月，在特斯拉的"电池日"当天，马斯克推出了具有颠覆性意义的特斯拉4680圆柱电池——"46"指的是圆柱电池直径为46mm，"80"则指的是电池的高度为80mm。

根据特斯拉对外公布的数据可知，相较于传统2170圆柱形电池，4680圆柱电池的能量将是前者的5倍，车辆续航里程将提高16%，功率将提升6倍。未来结合电池材料和车辆设计的改进，续航里程净增长将高达56%，生产成本则可以节约54%。截至2022年12月，特斯拉4680圆柱电池的周产量达到了86.8万块，足以支持其每周生产1000辆电动汽车，这意味着特斯拉达到了一个新的里程碑。

2022年7月21日，吉利控股集团董事长李书福在2022世界动力电池大会主论坛上表示，随着全球新能源汽车进入快速普及发展阶段，吉利正在努力打造自己的动力电池产业。吉利走的是自研电池路线，围绕磷酸铁锂、三元软包、三元方形、固态电池等不同技术路线，建立了从电芯、电池包到电池管理系统的自研能力。

新能源车企进入电池产业链，进可攻退可守，提升了自己对产业链的把控能力。

**趋势五：电动汽车将与燃油车同台竞技**

根据中科院院士、清华大学教授欧阳明高教授的预测，到 2025 年我国电动汽车销量会在 700 万～900 万辆之间；到 2030 年，大致为 1700 万～1900 万辆。从保有量来看，2025 年会超过 3000 万辆，2030 年接近 1 亿辆，2035 年接近 2 亿辆，2040 年接近 3 亿辆。

电动汽车与燃油车虽然是两种完全不同的技术路线，但是随着电动汽车销量和占有率的不断提升，两者不可避免地会发生竞争，而且这个阶段很快就会到来。

我们可以通过以下四点简单对比一下。

从动力上来看，绝大多数燃油车百公里加速在 6 秒以上，而电动汽车百公里加速可以做到 5 秒以内。这是由两者的车辆特征所决定的，燃油车发动机的工作原理是先通过燃油在气缸内燃烧产生热能，然后推动活塞运动再转换成机械能；电动汽车是直接将电能转换为机械能，所以起步加速会更快。

从噪声、振动与声振粗糙度（Noise，Vibration，Harshness，即 NVH）来看，电动汽车的功能明显要好于燃油车，而 NVH 是用户最直接的感受，也是车企关注的焦点。有统计资料显示，整车约有三分之一的故障问题和其 NVH 问题有关系，各大公司有近 20% 的研发费用消耗在解决车辆的 NVH 问题上。内燃机在不断的燃烧过程中会产生强烈且不间断的机体共振，而有振动就必然有噪声，但电动机核心的动力输出结构只有一根悬浮的转子，没有接触则没有摩擦与振动，所以它的噪声也就非常低了。

从智能化上来看，许多智能设备的应用都是用电且和电动化相关的，智能化和电动化是合二为一的，正在发展的自动驾驶也是智能化的一部分，完全的智能化是建立在电动化基础上的。因此，在智能化方面，电动汽车要远超燃油车。

从成本上来看，随着地区间摩擦的反复，石油、天然气等传统能源进入了价格上升窗口，使用成本大幅增加。而在新能源领域，我国是全球最大的锂电池生产国，且在西北沙漠地区有着良好的光伏发电条件，这都将降低电动汽车后续的使用成本，推动对燃油车的替代进程。

### 9.3.3 产业将向中国集聚

**趋势六：电池回收再利用势在必行**

中国汽车技术研究中心统计数据显示，2020年，我国累计报废动力电池超过20万吨（约25GW·h），市场规模达到100亿元。2025年我国需要回收的废旧动力电池容量预计将达到137.4GW·h（110万吨左右），约为2020年的5倍。

为此，工业和信息化部等七部委发布的《新能源汽车动力蓄电池回收利用管理暂行办法》规定：对于新能源汽车电池的回收要落实生产者责任延伸制度，汽车生产企业将承担动力蓄电池回收的主体责任，保障动力蓄电池的有效利用和环保处置。

汽车生产企业应建立动力蓄电池回收渠道，负责回收新能源汽车使用及报废后产生的废旧动力蓄电池。鼓励汽车生产企业通过回购、以旧换新、给予补贴等多种方式进行电池回收。鼓励汽车生产企业、电池生产企业、报废汽车回收拆解企业与综合利用企业等合作共建、共用废旧动力蓄电池回收渠道。

在电池使用的终端环节,吉利的合作伙伴福建常青新能源已经入选工业和信息化部动力电池回收企业白名单,并已建成了拆解破碎生产线和资源化再生利用生产线,镍钴锰回收率超过 99%,锂回收率超过 85%,达到行业先进水平。

**趋势七:充换电设施将成新的主战场**

截至 2022 年上半年,我国的新能源汽车销售渗透率已突破 20%。我国已进入新能源汽车普及新阶段,而充换电作为新能源汽车的补能手段,其设施建设将成为新的主战场。

我们首先来看充电。中国充电联盟数据显示,截至 2022 年 6 月底,我国充电基础设施保有量为 391.8 万台,较 2021 年年底增长 49.71%,车桩比也由 3.0 降至 2.55。但无论是从居民小区还是从高速公路来看,用户充电难的问题都未得到显著缓解。从小区充电来看,目前仍存在着充电车位数量不够、小区电力容量不足、充电速度过慢等诸多问题,影响使用体验。从高速公路来看,截至 2022 年 7 月,全国高速公路服务区中建成 13 374 个充电桩,但高速公路充电桩数量仍不到全国总量的 1%,这让跨城、跨省出行成了部分新能源车主的"心病"。

接下来看换电。2021 年,中国换电站数量达 1406 座,同比增长 152%,截至 2022 年年底,中国换电站数量达 1973 座。但这些换电站主要集中在北京、广东、浙江、上海、江苏、四川、山东、福建、河北、湖北等地,在广大的中西部地区严重缺乏。而且,换电站的技术标准还没有完全统一,各个换电企业电池的型号兼容性亟须提升。

因此，为满足新能源汽车快速增长的补能需求，我国充换电设施首先要扩大数量，解决能充能换的问题；其次要提高充电的速度和换电的标准化水平，这将是新能源汽车发展新的主战场。

### 趋势八：补贴取消，进入市场化驱动

根据2021年财政部发布的《关于2022年新能源汽车推广应用财政补贴政策的通知》，2022年12月31日新能源汽车购置补贴政策终止，12月31日后上牌的车辆不再给予补贴。

补贴的取消在一定程度上意味着新能源车市场竞争力的减弱。新能源车企想要"独立自主"地实现健康持续的发展，就必须加大研发投入，提高电池的动力性能、续航里程、智能化水平和用户体验，在安全的基础上提升整车的性价比。否则，到2023年新能源车企的发展极易走下坡路。

### 趋势九：直销将替代经销

特斯拉是直销模式的先锋。特斯拉认为经销商不能正确解释汽车的优势而且还会加价。因此，它放弃了传统的经销模式，转而采用直销模式，解决了讲解不专业和价格不透明等问题。

特斯拉线下的直营体验店由本部直接管理，只负责车辆展示和试驾工作，消费者选购车辆需要通过特斯拉官网进行，且所有直营体验店无法提供折扣让利。

我国的蔚来、小鹏、东风岚图等也都开启了直营模式，以此来提升消费者的体验感。

直营的商业价值在于减少中间环节、传递全面真实的信息和让利给消费者，这将成为新能源汽车销售的主流模式。

**趋势十：汽车产业将向中国集聚**

汽车诞生于第二次工业革命，19世纪80年代德国人卡尔·弗里特立奇·本茨等人成功地制造出由内燃机驱动的汽车，从而奠定了德国在燃油车时代的霸主地位。一辆燃油车由两三万个零件组成，复杂程度远远超过手机、家电，在一定程度上能够反映一个国家的工业发达程度。

在燃油车时代，我们以市场换技术，但市场让了出去，技术却没换来，因为外资品牌更多瞄准的是中国市场红利。比如德国的大众、奔驰、宝马，仅在2020年，就从中国市场分别获取了约300亿元、200亿元和70亿元，共计约570亿元的利润。再加上相关的汽车零件供应商，比如博世集团、大陆集团、马勒等，德国车企从中国市场赚取的利润总和超过1000亿元人民币。也正是因为有如此强大的制造业，德国才得以收割全球利润。

没有一个行业是永久不变的，更何况是已经走过百年历程的汽车产业。从汽车零部件来看，新能源汽车比燃油车减少了三分之一。燃油车零部件主要是机械类，而新能源汽车零部件则变为机械、通信、软件等多类型并存。燃油车核心的三大部件（发动机、变速箱、底盘系统）已被新能源汽车的"三电"系统（电池、电机、电控）所取代，传统汽车巨头积累百年的技术优势瞬间土崩瓦解。

从产业格局来看，燃油车供应链主要在欧美日，而新能源汽车的产业链格局已经发生变化。《中国新能源汽车行业发展白皮书（2023年）》数据显示，2022年全球新能源汽车销量达到

1082.4万辆，同比增长61.6%。其中，我国新能源汽车销量达688.7万辆，占比达63.6%。新能源汽车正在全球以超预期的速度发展，产业链正在向中国转移，而且会越来越集中。

## 9.4 电动汽车换电十大预测

随着新能源汽车的高速发展，作为新补能方式的换电模式也在探索市场，快速扩大版图，电动汽车换电的发展方向正在不断清晰。

### 9.4.1 从B端到C端

#### 预测一：B端先行

出租车、网约车、重卡等B端客户主要以赚钱为目的，其在换电模式下，省却了初期的电池投资，节省了后续的充电时间和充电费用，是换电模式最早期的客户。这些营运车辆使用频次高、运输负荷大、运输距离长、换电次数多、电量消耗大，也给换电运营企业的效益提供了保障。

2022年上半年，我国的换电重卡销量为4887辆，同比暴涨近15倍（1487%），占据上半年新能源重卡10 120辆销量的48.29%，成为拉动新能源重卡销量高速增长的中流砥柱。

上海玖行能源科技有限公司是最早开始提供重卡换电服务的运营商，占据的市场份额最大。它是国内唯一一家将电动重卡换电站量产的企业，2019年12月在北京密云正式发布了全国首座真正商业化的重卡换电站，在重卡换电领域的市场份额已占到 95%，换电站网络覆盖北京、天津、上海、河北、河南、山西等 23 个省级行政区的 40 多个城市。

**预测二：C 端蓄势待发**

C 端用户是换电企业最大的目标用户，虽然目前这个群体的渗透率还不高，但换电模式的优势已然彰显：一是初期不买电池可以降低初始购车成本；二是 3 分钟的换电速度——补能效率高；三是电池使用过程中出现问题时，换电企业可以及时提供修护服务。

蔚来走在 C 端换电市场的前列，其目标是在 2025 年建成 4000 座换电站，将"电区房"（距离换电站 3 公里以内的住宅）的比例从 2022 年上半年的 60% 提升至 90%，并形成覆盖"九纵九横十九大城市群"的高速换电网络，充分满足 C 端用户的换电需求。

### 9.4.2 从早期试点到初具规模

**预测三：车企换电模式需扩大匹配车型**

如果将"换电"视为整车的构成，那么"换电"相应的投入也应该作为产品费用的一部分。以蔚来为例，其虽然通过换电模式迅速提升了销量，但要做到真正盈利，需要与其他汽车制造商共享换电平台和标准，通过"共享换电"授权的方式扩大换电技术的采用与普及，以提高换电站的利用率和效益。

**预测四：电池厂换电模式需扩大影响力**

电池厂最懂电池，其做换电的初衷是确保其电池尽可能与更多的车型匹配，因此，宁德时代推出了"巧克力电池块"这种专门针对"车电分离"模式设计的电池组，试图打通电池与车型的适配壁垒。

电池厂快速推进换电模式的前提是取得车企的认可和支持，但在车企看来，其整车的设计和技术才是最重要的，仍视电池为配套产品，很难听从电池厂的建议改变自己原先的方案。因此换电的规模化需要电池厂和车企相互开放合作，做好协同，从而为消费者提供更加便捷高效的服务。

我们看到，宁德时代进军换电领域后，合作的车企越来越多，这使得换电面临的车企资源难整合的问题迎刃而解；它庞大的电池销量，又使其具备强大的将换电电池标准化的能力。因此，宁德时代的换电可被视为一个电池供应商巨头的自我进化。

**预测五：第三方换电模式最具成长性**

奥动作为独立的第三方换电运营商，以服务商的身份进入换电产业链，不与车企和电池厂争利，具有更强大的开放性和包容性。且其资本和运营模式也更加灵活，类似于国外的Better Place和Ample，成长空间不可限量。

作为不具备换电的两端——电池和车的第三方，奥动在一定程度上缺乏硬件的支撑和优势。此时，它自身的换电系统和对换电的理解以及开放性将决定其运营的成败。

**预测六：换电技术标准亟须统一**

目前，有两个问题影响换电规模和效益发展：一是各家车企和电池厂商的标准不一，使得动力电池在循环寿命、能量密度、充放电倍率、尺寸规格和电池结构等方面无法做到统一，导致换电站只能为单一品牌的车型服务；二是不同车企安装动力电池的方式及位置不同，导致新能源汽车在换电时使用的方法也各不相同，不同的换电方式与不同车型之间较难做到兼容。因此，换电技术标准亟须统一，以解决目前换电站重复建设和使用效率低的问题。

### 9.4.3 从单打独斗到共建共享

**预测七：共建共享模式破解换电难题**

换电站类似于运营商的基站。运营商基站起初是中国移动、中国联通、中国电信各自建设运营，存在重复建设较严重，且单站运营成本较高的问题。为此，2014年在国家领导人的建议下，将三家运营商的通信基站剥离，成立了中国铁塔，整合相关资源，统一运营管理，解决了重复建设和资本支出过多的问题。从2014年到2019年短短5年，中国铁塔完成了铁塔基站建设项目220多万个，站址数量较2014年成立之初翻了一倍，推动我国快速建成了世界上覆盖最好的4G网络。同时，新建铁塔共享率从14%提升到75%，节约了大量行业投资和土地等社会资源，促进了城市美化和两型社会建设。

目前的汽车换电站可以借鉴我国通信基站的"共建共享"模式，在标准统一的基础上，减少重复建设，提升共享水平。

**预测八：BaaS与V2S2G模式的普及**

换电运营商因换电而储存的电池数量庞大，形成了BaaS。在BaaS模式下，电池的所有权属于换电企业，用户购买车辆时无须承担电池部分的成本，且在用户之间形成了最大限度的共享，同时还提升了电池的运营效率。

在BaaS的基础上，还诞生了"V2S2G模式"，即在传统的

V2G之间加入了换电储能站,形成了"V(车辆)-S(换电储能站)-G(电网)"模式。换电储能站可以在波谷时段对电池充电,在高峰时段进行售电,换电站变成了储能站,从而实现"车–站–网"之间的能源交互,打通"换电服务生态圈"和"能源服务生态圈"。

### 9.4.4 从换电服务到换电生态圈

**预测九:上门换电模式将规模兴起**

燃油车的启动电池需要更换时,车主往往会请救援服务公司或相关专业机构上门更换。同样,在换电电池的标准统一并互联互通后,相关服务公司也有很大概率会拓展新业务——上门换电服务。当发现电池没电时,车主可以联系就近的换电运营商,告知电池型号及地址,换电运营商可以根据后台大数据提取到对应型号的满电电池,即刻上门进行换电。而这一切并不是猜想,当换电汽车的普及度足够高时,上门换电的模式也将成为可能。

**预测十:换电生态圈将形成**

换电模式解决了电动汽车价格高、保值率低的问题,有效促进了"车电分离"的发展。换电运营企业需要构建"车电分离"的生态圈,按场景开发换电车型,更好地推动换电模式的商业化进程。同时,换电运营企业可以参考铁塔换电的"骑手之家",在换电站构建专门服务换电客户的体验店,以线上线下的方式,打造全方位的"换电之家"。

# 参考文献

[1] 德鲁克. 创新与企业家精神：珍藏版[M]. 蔡文燕，译. 北京：机械工业出版社，2009.

[2] 克里斯坦森. 创新者的窘境：全新修订版[M]. 胡建桥，译. 北京：中信出版社，2014.

[3] 里德利. 创新的起源：一部科学技术进步史[M]. 王大鹏，张智慧，译. 北京：机械工业出版社，2021.

[4] 切萨布鲁夫，范哈弗贝克，韦斯特. 开放式创新：创新方法论之新语境[M]. 扈喜林，译. 上海：复旦大学出版社，2016.

[5] 希伯特. 美第奇家族的兴衰[M]. 冯璇，译. 北京：社会科学文献出版社，2017.

[6] 三谷宏治. 商业模式全史[M]. 马云雷，杜君林，译. 南京：江苏凤凰文艺出版社，2016.

[7] 佩恩，扎莱纳. 小趋势：决定未来大变革的潜藏力量[M]. 刘庸安，贺和风，周艳辉，译. 上海：上海社会科学院出版社，2019.

[8] 格林沃尔德，卡恩. 竞争优势：透视企业护城河[M]. 林安霁，樊帅，译. 北京：机械工业出版社，2021.

[9] 里斯，特劳特. 定位：争夺用户心智的战争[M]. 邓德隆，火华强，

译. 北京：机械工业出版社，2017.

[10] 汉迪. 第二曲线：跨越"S型曲线"的二次增长[M]. 苗青，译. 北京：机械工业出版社，2017.

[11] 刘官华，梁璐，艾永亮. 人货场论：新商业升级方法论[M]. 北京：机械工业出版社，2017.

[12] 安永碳中和课题组. 一本书读懂碳中和[M]. 北京：机械工业出版社，2021.

[13] 张利华. 研发与创新[M]. 北京：机械工业出版社，2021.

[14] 杨绍斌，梁正. 锂离子电池制造工艺原理与应用[M]. 北京：化学工业出版社，2020.

[15] 朱利恩，玛格，维志等. 锂电池科学与技术[M]. 刘兴江，等译. 北京：化学工业出版社，2018.

[16] 雷迪. 电池手册[M]. 汪继强，刘兴江，等译. 北京：化学工业出版社，2013.

[17] 王顺利，于春梅，毕效辉，等. 新能源技术与电源管理[M]. 北京：机械工业出版社，2019.

[18] 维柯尔. 锂离子电池管理系统[M]. 许德智，李建林，周喜超，等译. 北京：机械工业出版社，2021.

[19] PARK JUNG-KI，等. 锂二次电池原理与应用[M]. 张治安，杜柯，任秀，译. 北京：机械工业出版社，2014.

[20] 李丽，来小康，慈松，等. 动力电池梯次利用与回收技术[M]. 北京：科学出版社，2020.

[21] 刘洋，陶风波，孙磊，等. 磷酸铁锂储能电池热失控及其内部演变机制研究[J]. 高电压技术，2021，47（4）：1333-1343.

[22] 李旭东，于珍，臧金环. 废旧动力电池梯次利用典型场景与推广应用难点分析[J]. 产品安全与召回，2020（1）：82-85.

[23] 雷洪钧. 新能源汽车科普：电动汽车充电原理及充电过程[EB/OL].（2022-05-19）[2022-06-20]. https://mp.weixin.qq.com/s?__biz=MzU3NTExNTgwNQ==&mid=2247489150&idx=1&sn=20d6a3e96cd414645719f953a4bb2ac9&chksm=fd29510cca5ed81a7c854473020b33f7318487233d60f98bb929ed52ccc80d815345ef2aea00&scene=27.

POSTSCRIPT

# 后　记

## 越是变化，越要计划

　　行文至此，限于篇幅，本书就接近尾声了。写书的过程是一个不断审视行业、不断和自己对话的过程，写完后掩卷沉思，笔者对处于变革创新前沿的换电产业有以下最深刻的五点感受与诸位分享。

　　一是标准问题。对于运营车辆（以外卖车、快递车、出租车、网约车、重卡等为代表）来说，车辆是功能性产品，是谋生的运营工具，因此，在电池标准化上可以做得比较彻底，换电标准也就相对统一。但对于私家车来说，车辆在某种意义上是一种艺术品，很多用户更注重的是车辆的外形和设计，电池只是作为配套而存在，电池的设计和尺寸标准要服从于车型的设计，因此，对于私家车来说，其换电标准的统一任重而道远。

　　二是定价机制。换电业务的投资主要是换电电池和换电柜，其中换电电池占大头，电池以锂电池为主。而目前我国的锂资源 70% 靠进口，随着全球新能源汽车和储能的高速发展，锂资源供需失衡加剧，锂电池的采购价格也水涨船高。但下游对换电用户的收费却是刚性且不易上涨的，这就导致了换电行业上游的 PPI 不能及时有效地传递到下游的 CPI。

三是产品创新。换电产业的产品创新不再是传统模式的采购商制定标准，供应商只是"照方抓药""照单生产"，而是要求供应商、渠道商、运维单位等产业链的各个环节都要深入参与到产品标准的制定中来，通过最大限度的开放式创新来推动产品与用户需求的适配性，否则将是闭门造车、空中楼阁。

四是软件定义电池（Software Defined Battery，SDB）。相比私家车来说，运营车辆的工况要复杂和恶劣得多，这就需要 BMS 根据各种不同的工况对电池进行有效的管控，以实现电池安全和运营效率的平衡。如果说电芯的通用性较强，那么 BMS 专业性就较为突出，我们需要根据不同的环境工况、电池类型、用户类型、安全要求等设置相应的保护机制，具体就表现在对 BMS "五角星"——电池的健康度（State of Health，SOH）、电池的剩余电量（State of Charge，SOC）、电池的剩余能量（State of Energy，SOE）、电池的功率状态（State of Power，SOP）、电池的温度状态（State of Temperature，SOT）的管控上。

五是甲乙方关系。在传统的采购和供货模式中，采购方毫无疑问是强势的甲方，供货方则是处于相对弱势地位的乙方。但在新能源尤其是换电产业中，甲乙方的关系不单纯是由谁出钱决定的，而是"稀缺决定着甲乙方"。也就是说，在换电产业中，没有绝对的、一成不变的甲方和乙方，甲乙方的地位是不断变化的。这就需要采购方和供货方紧密合作，通过事先约定好的合同，照章办事，取长补短，相互配合，实现双赢。

因此，对处于变革创新前沿的换电产业，越是变化，我们越要提前做好计划，将换电产业的"暗特征"挖掘出来，尽快将其变成"明规律"，做到了然于胸，以计划应对变化。

计划变化，变化计划，这是笔者写这本书最大的体会。这本书凝聚着太多人的心血和期望，更凝聚着无数人的关怀与祝福。

感谢伟大的新能源时代，我们生逢其时，身处其中，责任在肩，每一个不曾起舞的日子，都是对这个时代的辜负。

感谢孙逢春院士，您在换电领域的前瞻研究和实践探索，引领了中国换电产业的快速、有序、规模化发展，感谢您在百忙之中为本书作序。

感谢刘国锋副总经理，您的远见卓识、勤勉敬业、系统思维始终是我学习的榜样，您提出的能源产业发展的"四化"理论给能源业务未来的发展指明了方向。

感谢我的博士生导师吕廷杰教授，您几十年如一日，始终潜心通信管理、信息技术、电子商务和数字经济的研究，为行业的发展做出了卓越的贡献。您渊博的学识和严谨的治学态度深深地影响着我。

感谢公司的各位领导和同事，你们的指导、实践和真知灼见，是本书取之不尽的力量源泉。

感谢产业链的朋友们，换电业务是个富于变化、不断创新的产业，多年来各位投入了大量的人力、物力、精力，共同塑造并推动了中国换电业务的跨越式发展。

感谢机械工业出版社的编辑们，你们的把关为本书的质量提供了保证。感谢深圳瞪羚图书的杜礼青总经理和吕源龙编辑，你们在本书的修改过程中给出非常好的建议，并出色地完成了相关的文字润色和绘图工作，你们高超的专业素养和责任精神给我留下了深刻的印象。

感谢我的家人，正是你们的支持与鼓励，才使我能安心地工作和研究，每天微笑着面对生活。

鉴于本人水平有限，书中存在错误在所难免。欢迎新能源领域的朋友们莅临我的微信公众号"遇见新能源"指教沟通，在此先行谢过。

谢谢本书的所有读者，所来都是朋友，祝朋友们：

所遇皆温暖，所想皆成真！

刘春华

2023 年 2 月